普通高等学校邮轮服务与管理专业系列规划教材

海乘心理辅导教程

邓剑虹　主　编

李思晴　占莉娟　副主编

化学工业出版社

·北京·

本书主要内容包括海乘职业与心理健康、海乘作业环境对海乘的心理调节、职业特点对海乘心理的影响、海乘和谐人际关系的建立、海乘的心身健康和心理障碍、海乘对应激事件的应对以及海乘的心理训练与咨询治疗七个部分。本书在编写时注重将海乘的职业特点与心理健康知识结合，不仅让海乘了解心理健康的基础知识，更为重要的是帮助他们学会心理的自我调适，保持身心健康。因此，本书既可作为高等院校邮轮服务与管理及相关专业学生的教材，也可作为海乘及相关人员的培训教材或自学读物。

图书在版编目（CIP）数据

海乘心理辅导教程/邓剑虹主编 . —北京：化学工业出版社，2016.4（2023.3重印）

普通高等学校邮轮服务与管理专业系列规划教材

ISBN 978-7-122-26138-0

Ⅰ.①海⋯　Ⅱ.①邓⋯　Ⅲ.①旅游船-旅游心理学-教材　Ⅳ.①F590

中国版本图书馆 CIP 数据核字（2016）第 013781 号

责任编辑：王　可　蔡洪伟　于　卉　　　　　　装帧设计：刘丽华

责任校对：宋　玮

出版发行：化学工业出版社（北京市东城区青年湖南街 13 号　邮政编码 100011）

印　　装：天津盛通数码科技有限公司

787mm×1092mm　1/16　印张 7½　字数 171 千字　　2023 年 3 月北京第 1 版第 2 次印刷

购书咨询：010-64518888　　　　　　　　　售后服务：010-64518899

网　　址：http://www.cip.com.cn

凡购买本书，如有缺损质量问题，本社销售中心负责调换。

定　　价：30.00 元

前言

　　海乘面临的自然环境、工作环境以及工作内容有其特殊性，他们随时可能遇到不可预测的特殊情况或事故，这些复杂因素都会对海乘的心理造成一定的影响。因此，具备良好的心理素质和必要的心理健康知识是对一名合格海乘的必然要求。本书以系统性、实用性和针对性为目标，探讨海乘人员的心理健康问题，共分七个章节进行撰写，具体为海乘职业与心理健康、海乘作业环境对海乘的心理调节、职业特点对海乘心理的影响、海乘和谐人际关系的建立、海乘的心身健康和心理障碍、海乘对应激事件的应对以及海乘的心理训练与咨询治疗。每章分别由本章导读、学习目标、章节内容、扩展阅读、案例分享、推荐书目、本章小结与思考题等组成。

　　本教材的编写以提升海乘心理素质为导向，让学生在了解心理学的相关理论和基本概念的基础上，理解海乘这一特殊职业给从业人员带来的心理影响，并掌握自我探索及心理调适的方法与技巧。本教材现已作为武汉交通职业学院海乘专业的校本教材投入使用，取得了良好的教学效果。

　　本教材由武汉交通职业学院邓剑虹副教授担任主编，武汉交通职业学院教师李思晴、占莉娟担任副主编。本教材参编人员均具有扎实的心理学知识与丰富的课堂教学经验，编写工作的具体分工如下：第一章由周格玲编写，第二章由胡滨编写，第三章和第四章由李思晴编写，第五章和第七章由占莉娟编写，第六章由邓剑虹编写。

　　在编写过程中，编者参阅和引用了一些专家学者的研究成果，在此表示真挚的谢意。鉴于各种原因，本教材难免有不尽人意之处，敬请广大读者多提宝贵意见。

编　者

2015 年 12 月

目录

第一章 海乘职业与心理健康

第一节 心理与心理健康概述 ··· 2

一、心理与心理健康 ··· 2

二、心理健康的标准 ··· 4

第二节 海乘职业概述 ··· 7

一、海乘职业的产生与发展 ··· 7

二、海乘职业的特点 ··· 8

三、海乘职业的现状 ··· 9

第三节 海乘人员的心理特点 ·· 10

一、气质类型对海乘心理的影响 ·· 10

二、海乘面临的主要心理健康问题及成因 ·· 12

第二章 海乘作业环境对海乘人员心理的影响

第一节 晕动病 ··· 19

一、晕动病的发病机制 ·· 19

二、晕动病的临床表现 ·· 19

三、晕动病给海乘人员心理带来负面影响 ·· 20

四、晕动病的治疗 ··· 20

五、晕动症的预防 ··· 20

第二节 噪声 ··· 21

一、噪声和噪声污染 ··· 21

二、邮轮上主要噪声污染的来源及危害 ·· 22

三、邮轮噪声的防治 ··· 23

第三节 中暑 ··· 23

一、中暑的分类和临床表现 ··· 23

二、中暑的急救方法 ··· 24

第四节 急性酒精中毒与嗜酒的危害 ·· 24

一、急性酒精中毒的表现与应对 ·· 24

二、嗜酒对海乘人员的生理和心理危害 ·· 25

三、对嗜酒者的应对之策 ………………………………………………… 25

第五节　对邮轮上传染病人的心理调适和应对 ……………………… 26

一、面对传染疾病，海乘人员的心理调适 …………………………… 26

二、海乘人员对邮轮传染病人的应对建议 …………………………… 26

第六节　急救 …………………………………………………………… 26

一、急救的概述 ………………………………………………………… 27

二、生命体征的判定方法 ……………………………………………… 27

三、基本的生命支持——心肺复苏（CPR） ………………………… 28

第三章　职业特点对海乘心理的影响

第一节　不同类型的海乘职业带来的心理影响 ……………………… 31

一、海乘的主要职业类型 ……………………………………………… 31

二、不同的海乘职业类型带来的心理影响 …………………………… 33

第二节　不同工作岗位类型及特点 …………………………………… 34

一、邮轮的主要岗位类型及特点 ……………………………………… 34

二、不同岗位带来的心理影响 ………………………………………… 36

三、岗位不良心理的调适 ……………………………………………… 41

第三节　不同航线对海乘心理的影响 ………………………………… 42

一、邮轮的主要航线类型 ……………………………………………… 42

二、不同航线带来的心理影响 ………………………………………… 45

第四章　海乘和谐人际关系的建立

第一节　人的社会化和人际关系 ……………………………………… 47

一、社会认知、社交情绪与社会态度 ………………………………… 47

二、人的社会化与和谐人际关系 ……………………………………… 51

第二节　海乘的人际关系 ……………………………………………… 52

一、海乘人际关系的特点 ……………………………………………… 52

二、海乘和谐人际关系的重要性 ……………………………………… 55

三、影响海乘人际关系的心理因素 …………………………………… 56

第三节　海乘人际关系的困惑及调适 ………………………………… 58

一、海乘面临的主要人际关系困惑 …………………………………… 58

二、海乘人际关系调适的策略 ………………………………………… 60

第五章　海乘的身心健康和心理障碍

第一节　大学生心理问题与心理障碍 ………………………………… 65

一、什么是心理障碍 …………………………………………………… 65

二、心理障碍的常见类型及表现 ……………………………………… 67

第二节　海乘心理障碍的常见类型及行为偏差 ……………………… 75

一、焦虑症 ··· 75

二、抑郁症 ··· 77

三、强迫症 ··· 79

四、偏执型人格障碍 ··· 80

五、性心理障碍 ··· 81

第六章　海乘对应激事件的应对

第一节　应激与健康的关系 ··································· 83

一、应激概述 ··· 83

二、心理应激与健康 ··· 84

第二节　海乘的应激反应 ····································· 87

一、海乘的应激性因素 ······································· 87

二、海乘所面临的应激源的种类 ······························· 88

第三节　海乘应激事件的应对 ································· 90

一、心理应激与应对的意义 ··································· 90

二、心理应激应对的机制 ····································· 90

三、海乘应对心理应激源的方法 ······························· 92

第七章　海乘的心理训练与咨询治疗

第一节　心理训练的概述 ····································· 98

一、心理训练的目的与内容 ··································· 98

二、心理训练的方法 ··· 99

第二节　海乘心理咨询与心理治疗 ····························· 103

一、心理咨询与心理治疗的定义及关系 ························· 103

二、海乘心理咨询与心理治疗的地位与作用 ····················· 105

三、海乘心理咨询与心理治疗的任务、内容与方法 ··············· 106

参考文献

第一章

海乘职业与心理健康

<<<<<<<<

本章导读

如果不敢去跑，就不可能赢得竞赛；如果不敢去战斗，就不可能赢得胜利。

——瑞查德·德沃斯

强斯顿在战争中受了伤，他的一条腿有点残疾，而且疤痕累累。幸运的是，他仍然能够享受他最喜欢的运动——游泳。

有一个星期天，在他出院以后不久，他和他的太太在汉景顿海滩度假。做过简单的冲浪运动以后，强斯顿先生在沙滩上享受日光浴。不久他发现大家都在注视他，从前他没有在意过自己满是伤痕的腿，但是现在他知道这条腿太惹人注目了。

下一个星期天，强斯顿太太提议再到海滩去度假。但是强斯顿拒绝了——说他不想去海滩而宁愿留在家里。他的太太的想法却不一样。"我知道你为什么不想去海边，强斯顿，"她说，"你开始对你腿上的疤痕产生错觉了。"

"我承认我太太的话，"强斯顿先生说，"然后她向我说了一些我将永远不会忘记的话，这些话使我的心里充满了喜悦。她说：'强斯顿，你腿上的疤痕是你勇气的徽章，你的光荣是赢得了这些疤痕。不要想办法把它们隐藏起来，你要记得你是怎样得到它们的，而且要骄傲地带着它们，现在走吧——我们一起去游泳。'"

强斯顿去了，他的太太已经除掉了他心中的阴影，强斯顿的生活又有了更好的开始。

不要被他人的目光所迷惑，以己之心揣度别人的想法是很愚蠢的事情。如果你只对掌控自己的感受有把握，就试着保持每天拥有一份好心情吧。

学习目标

目标一：了解心理与心理健康概述

目标二：了解海乘面临的主要心理问题及基本调节方式

第一节　心理与心理健康概述

一、心理与心理健康

心理是指生物对客观物质世界的主观反映，包括心理现象和心理过程，人的心理活动都有一个发生、发展、消失的过程。人们在活动的时候，通过各种感官认识外部世界事物，通过头脑的活动思考着事物的因果关系，并伴随着喜、怒、哀、惧等情感体验。这折射着一系列心理现象的整个过程就是心理过程。按其性质可分为三个方面，即认识过程、情感过程和意志过程，简称知、情、意。

长期以来，人们一直认为"只要躯体上没有疾病、没有缺损、不虚弱就是健康"。也就是说，过去人们把健康与疾病看成是非此即彼的两个极端，无病便是健康，健康就是无病。而现在人们更多地把健康看成是一个连接体，在健康与疾病之间没有截然的分界点，在两个端点之间有一个很大的空间，即非健康又非疾病，人们把这一空间状态称为"亚健康状态"或"第三状态"。

从医学上讲，处于"亚健康"的人，虽然各项体检指标均为正常，也无法证明有某种器质性的疾病，但与健康的人相比却又显得生活质量差、工作效率低、易疲劳、食欲不振、睡眠不佳、腰酸背痛、疲乏无力等。

从心理健康的角度来看，处于"亚健康"的人，虽然没有明显的精神疾病和心理障碍，但却表现为工作、学习效率不高、注意力易分散、情绪烦躁焦虑、缺乏生活目标与动力、常常感到生活无聊、提不起劲、人际关系紧张等。世界卫生组织提出：健康不仅局限于躯体没有疾病、没有缺损、不虚弱，还要有完整的生理、心理状态和社会适应能力。这明确地告诉我们，健康应该包括三个基本方面：一是生理方面，即躯体、器官方面；二是心理方面，即认识、情感、意志及个性；三是社会适应方面，即对个体存在于社会的关系能动的调适能力。

心理健康就是在智力正常发展的基础上，个性心理结构达到协调，能与外界环境相适应并且融洽，行为及反应符合各自一定的社会角色，从而使得人格完整、情绪乐观愉快的状态。心理健康的个体既能适当地评价自我、批评自我、接受自我，又能很和谐地与社会其他人相处；既能适应周遭所发生的环境及人文变化，又能随着其变化不断完善自己和保持自身独有特征；具有良好的自我节制和调控能力，并在认知功能、意志行为和情绪反应等方面均呈现一种积极的状态。总之，心理健康是一种心理状态，它是相对的、变化的状态。只要主体的内心世界是处于平衡与稳定的，面对外部环境能以社会认可的方式去适应，符合常态与规律，处于良好的发展态势，即可视为心理健康。为此，对心理健康的理解主要有以下几个方面。

（1）心理健康是健康的重要层面。健康是每一个人所向往的。有了健康，人才能更有效地去学习、工作、交往；失去了健康，便失去了人生存的基本条件，也就失去了一切。然而，人类对健康的全面认识还有一个过程，在社会生产力不发达的时候，生存是第一要务；当基本的生存条件得到保障了以后，身体的安康是最大的理想，于是医学科学得到了发展；

随着社会经济的进步，人们对健康的认识发生了质的飞跃。"健康不仅仅是没有疾病和衰弱的表现，健康乃是身体上、心理上与社会适应方面良好而完满的状态。"（世界卫生组织1948年对健康所下的定义）因此，人的健康不应只是生理的健康，还包括心理的健康。人的身心健康是统一的，缺一不可的，并互相影响的。

（2）心理健康是一种相对变化的、动态的状态。心理健康与心理不健康的界限模糊，是一种不断发展变化的连续状态，并且具有层次性。如果将心理健康的状态比作白色区域，而严重心理问题疾病的状态比作黑色区域，那中间有一大片区域是灰色的，也是我们大部分人都会面临的一些问题和困扰，即是我们需要去进行改变和发展追求的，这块区域也是我们大学生健康教育的主要版块。

（3）心理健康是内部协调和外部融洽的体现。内部协调是指个体自我本身的身心状况、特性及其与周围的关系都达到一种认同和接受的状态，也是认识自己和对待自己的统一。主要表现为恰当的自我认知、积极的自我体验、合理的自我控制、不断地自我发展等方面。根据艾里克森"心理社会发展阶段理论"，在青年期这一发展阶段，其心理发展关键在于自我统一性的建立。外部融洽是指个体与外部环境在相互作用中，能自由地选择其所从事的活动，追求自己的目标，以顺从环境、调控环境或改变环境，其实质是个体对外部环境的积极适应，并达到一种相对协调的融合状态。因心理健康状态是一种不断变化的运动的状态，所以个体与外部环境之间总是处于一种不协调→调合→相对协调→新的不协调→调合→更高水平的相对协调的运动过程中。在这一过程中，主要包括两个方面：一是心理适应，即个体心理环境与实际具体环境相融合的状态；二是行为适应，即个体能够依据环境的变化，适时适当调整自己的行为方式、行为反应，以顺应环境的需求，甚至改变环境以符合个人的行为要求，促进自身发展。心理适应是行为适应的基础和前提，行为适应是心理适应的表现和促进。适应的最终目的不是一成不变，而是与时俱进，积极寻找发展机会，是主体在环境变化中的一种追求、选择与拓展。

（4）心理健康是平衡协调与积极乐观的统一。平衡协调说的是个体与自身及外部环境的关系状态，积极乐观主要是从个体生活态度而言。国内外心理学家关于心理健康的界定虽然见仁见智，但在这些百家争鸣的观点中均渗透着平衡协调与积极乐观的特征取向。心理学大师弗洛伊德提出心理活动的第一原则为"快乐原则"，它表明人都具有追求快乐、避免痛苦的本性。快乐原则是衡量心理健康的首要准则，从一定意义上讲，快乐原则就反映了个体积极、乐观的内心体验和生活态度。而第二大原则为"现实原则"，它强调个人与社会的整合。每个人都生活在社会中，一个心理健康的人必须去适应社会，与社会处于和谐的状态。

（5）心理健康不等于心理问题。简明不列颠百科全书对心理健康作如下界定：心理健康是指个体心理在本身及环境条件许可范围内所能达到的最佳功能状态，是指绝对的十全十美的状态。即心理健康并非绝无心理冲突或心理矛盾，也不是指对任何事物都能愉快接受，而是指他们对待问题和处理矛盾的过程更多地表现出一种主动、积极、乐观的适应倾向。判断一个人的心理健康，应充分考虑其稳定性，不能简单地根据一时一事下结论。也就是说，一个人偶尔出现一些偏离正常的心理活动或行为表现，有可能是在应激状态下的应激表现，也可能是特定年龄阶段的成长表现，而并非意味着一定是心理不健康，应视具体情况而定。

（6）心理健康不仅是现代人的一种需求，更是一种能力。随着现代社会的发展，人们对生活质量的追求不断提高，心理健康不仅作为一种现代观念存在，而且作为一种现代能力日渐渗入人们的生活中。对许多人来说，心理健康不仅意味着没有心理疾病，也不仅预示着心理咨询或心理治疗，而是作为一种现代观念的需求逐渐渗透在现代人的生活态度和生活状态中。一个人拥有心理健康，就意味着他能更好地适应社会的发展和需要，更好地服务于社会，也有更良好的心理状态在社会上生活，并且乐观快乐地生活。

二、心理健康的标准

根据国内外学者对心理健康的界定，经过对理论和实践的探索，我们认为以下十项因素在制定心理健康标准时应加以考虑。

1. 智力正常

智力是人的各种能力的总和，包括观察能力、记忆能力、思维能力、想象能力和实际操作能力，它是保证人们进行学习、工作和生活的最基本的心理条件。智力正常与否可通过智力测验来判定，若智商在 60 以下即属于低下了。

2. 情绪稳定、心境乐观

人们的情绪是所有心理活动的背景条件和伴随其他心理过程的体验。正如体温可作为生理上健康与否的标志之一，情绪也是反映人的心理上健康与否的标志之一。

3. 意志健全、行为协调

意志的健全在于行动上的自觉性、果断性、顽强性和自制力。人的意志通过行动表现出来，而行动又受意志的支配，心理健康的人意志与行为是统一的、协调的。

4. 注意集中度

注意是心理活动对一定对象的指向和集中，是一切心理活动的共同特性，是判断心理健康与否的一个有效指标。由于人的注意总是和心理过程的障碍相联系着的（如情感、意志和感知障碍），一旦发现某人非常容易分心，不能自制，就说明他的心理已经有问题。

5. 完整统一的人格

心理健康的人有相对正确的信念体系和世界观、人生观，并以此为核心把动机、需要、态度、理想、目标和行为方式统一起来。如果某人经常欲望与信念相违背，需要与良心相冲突，行为方式与态度不相一致，一切以自我为中心，既缺同情心，又无责任感，那么他的心理必定是不健康的。

6. 积极向上、面对现实，有较好的社会适应能力

这是国际上公认的心理健康的重要标准。具体说来，表现在三个方面：①适应各种环境的能力；②人际关系的适应能力；③处理、应付家庭和社会生活的能力。

7. 适度的反应能力

外界事物的刺激必然要引起人们的反应，但这种反应必须是适度的，既不十分过敏，也不极为迟钝。

8. 心理特点与实际年龄相符

一个心理健康的人，其一般心理特点与所属年龄阶段的共同心理特征是大致相符的。这可从三个方面加以判断：（1）看心理活动与外界环境之间是否统一，他的言行有没有过于离奇和出格的地方；（2）看心理活动过程之间是否完整和协调，他的认识过程、情感体验、意

志行为是否协调一致；（3）看心理活动本身是否统一，他的个性心理特征是否具有相对稳定性。

9. 自我认知

自我认知是对自我目前所处状态和环境、自我未来的发展方向有一个清醒的认识，并能正确认识和客观评价自己，摆正自我的位置，妥善地处理人际关系，有自信心、自尊心，能够自觉地发展自己。如果一个人没有发展目标，整天浑浑噩噩，或者妄自尊大、好高骛远，或者自轻自贱、悲观失望，甚至试图逃避现实、消极厌世，自然是不能算心理健康的。

10. 创造性、成就感

马斯洛认为，人的内部存在一种向一定方向成长的趋势或需要，这个方向可以概括为自我实现或心理的健康成长。自我实现者就是使自己成为自己理想的人，到达个人潜能之巅。也可以说是一个人对实现自身潜能的不断追求。这通常可以通过人的创造力的发挥程度和成就感的高低来衡量。一个人应该热爱生活，热爱事业，具有宽阔豁达的胸怀，能意识到自己对社会的责任，努力掌握知识与技能，发展个人的能力与体力，虽然人们聪明才智不尽相同，但能尽其所为、力争取得一定的成就，从而创造人的价值。这一点对于心理健康无疑是非常重要的。

心理健康小贴士

① 了解自己，接纳自己、肯定自己；

② 对自己的生活负责；

③ 拥有一个伟大的梦想，设立明确的生活目标；

④ 学会自我控制，克服诱惑，活在现实当中；

⑤ 学会舒缓舒解愤怒、低落、忧郁、厌倦的情绪；

⑥ 对自己要时常鼓励，增强自信心；

⑦ 建立良好的人际关系；

⑧ 注意锻炼身体，展现朝气活力；

⑨ 学会思考，养成积极进取的学习生活态度；

⑩ 净化自己的心灵，追求平和的心境。

心理健康自测题

对以下 40 道题，如果感到"经常是"，划√号；"偶尔"是，划△号；"完全没有"，划×号。

测试题：

① 平时不知为什么总觉得心慌意乱，坐立不安。

② 上床后，怎么也睡不着，即使睡着也容易惊醒。

③ 经常做噩梦，惊恐不安，早晨醒来就感到倦怠无力、焦虑烦躁。

④ 经常醒1～2小时，醒后很难再入睡。

⑤ 学习常使自己感到非常烦躁，讨厌学习。

⑥ 读书看报甚至在课堂上也不能专心，往往自己也搞不清在想什么。

⑦ 遇到不称心的事情便较长时间地沉默少言。

⑧ 感到很多事情不称心，无端发火。

⑨ 哪怕是一件小事情，也总是很放不开，整日思索。

⑩ 感到现实生活中没有什么事情能引起自己的乐趣，郁郁寡欢。

⑪ 老师讲课，常常听不懂，有时懂得快忘得也快。

⑫ 遇到问题常常举棋不定，迟疑再三。

⑬ 经常与人争吵发火，过后又后悔不已。

⑭ 经常追悔自己做过的事，有负疚感。

⑮ 一遇到考试，即使有准备也紧张焦虑。

⑯ 一遇挫折，便心灰意冷，丧失信心。

⑰ 非常害怕失败，行动前总是提心吊胆，畏首畏尾。

⑱ 感情脆弱，稍不顺心，就暗自流泪。

⑲ 自己瞧不起自己，觉得别人总在嘲笑自己。

⑳ 喜欢跟自己年幼或能力不如自己的人一起玩或比赛。

㉑ 感到没有人理解自己，烦闷时别人很难使自己高兴。

㉒ 发现别人在窃窃私语，便怀疑是在背后议论自己。

㉓ 对别人取得的成绩和荣誉常常表示怀疑，甚至嫉妒。

㉔ 缺乏安全感，总觉得别人要加害自己。

㉕ 参加春游等集体活动时，总有孤独感。

㉖ 害怕见陌生人，人多时说话就脸红。

㉗ 在黑夜行走或独自在家有恐惧感。

㉘ 一旦离开父母，心里就不踏实。

㉙ 经常怀疑自己接触的东西不干净，反复洗手或换衣服，对清洁极端注意。

㉚ 担心是否锁门和东西忘记拿，反复检查，经常躺在床上又起来确认，或刚一出门又返回检查。

㉛ 站在沟边、楼顶、阳台上，有摇摇晃晃要掉下去的感觉。

㉜ 对他人的疾病非常敏感，经常打听，生怕自己也身患相同的病。

㉝ 对特定的事物、交通工具（如公共汽车）、尖状物及白色墙壁等稍微奇怪的东西有恐怖倾向。

㉞ 经常怀疑自己发育不良。

㉟ 一旦与异性交往就脸红心慌或想入非非。

㊱ 对某个异性伙伴的每一个细微行为都很注意。

㊲ 怀疑自己患了严重的不治之症，反复看医书或去医院检查。

㊳ 有依赖止痛或镇静药的习惯。

㊴ 经常有离家出走或脱离集体的想法。

㊵ 感到内心痛苦无法解脱，只能自伤或自杀。

测评方法：

√ 得 2 分，△ 得 1 分，× 得 0 分。

评价参考：0～8 分：心理非常健康，请你放心；9～16 分：大致还属于健康的范围，但应有所注意，可以找老师或同学聊聊，心情应保持愉快、乐观；17～30 分：你在心理方面有了一些困扰，应采取适当的方法进行调适，或找心理辅导老师帮助你；31～40 分：黄牌警告，有可能患了某些心理疾病，应找专门的心理医生进行检查治疗；41 分以上：有较严重的心理障碍，应及时找专门的心理医生治疗。

第二节　海乘职业概述

一、海乘职业的产生与发展

海乘一般特指海上邮轮乘务员，与"空乘"说法相对应，但邮轮空间较大，集住宿餐饮、休闲、娱乐、文化、旅游为一体，因此服务的范围和岗位远远多于空乘。包括各式客房、餐厅、酒吧、商场、前台、收银、娱乐、人事及证件管理、儿童护理、安全员、保安、岸上导游等部门。

海乘服务的环境实际上是一个星级酒店的环境，邮轮活动和工作空间较大，每一艘豪华邮轮员工可以达到几百到上千人，客人从几百到几千人不等。随着更多的邮轮公司看好国内市场，相继开拓了国内的航线，邮轮更为大家熟悉，更多旅游出行者选择邮轮这个古老又新鲜的旅游方式，所以就缺少不了为他们服务的人员。而海乘们提供的服务是高标准、高质量的，相当于五星级酒店服务，所以服务质量和方式相对于空乘的服务有过之而无不及。

根据邮轮的层次及等级可以把海乘分为两个级别，即欧美邮轮海乘、亚洲邮轮海乘：①亚洲邮轮，通常所指的是在中国及周边地区国家航行的亚洲国家的邮轮公司旗下的邮轮；②欧美邮轮，通常所指的是在欧洲、美洲及全球航线航行的欧美国家的邮轮公司旗下的邮轮；③这里不包含国内的渡轮、内陆游轮、客轮、近海的客滚轮等。

 扩展阅读

海乘岗位要求

对于海乘的学历要求没有明确规定的，一般情况下为高中以上学历即可。有没有文凭/证书影响不大，更注重的是本人的工作能力。建议选择国内开设海乘专业的正规院校，接受系统正规的培训。

（1）亚洲邮轮要求为：年满 18 周岁以上，男女不限。男身高 172cm 以上，女身高 160cm 以上，无学历、文凭要求、英语有无均可，丽星需要一些英语。身体裸露处无文身，无视力要求，可戴镜框眼镜，无色盲，无家族性慢性病传染病。身高和相貌多数情况可以决定岗位的选择和薪酬的多少。

（2）欧美邮轮要求为：年满 21 周岁以上，男女不限，身高无限制，无学历、文凭限制，英语方面最低需要能与面试官（外籍）口语正常交流，否则很可能初试都不通过。如果有酒

店工作经验或酒店管理专业，有其他外语支持，在欧美邮轮上会有更多的选择岗位，代表你有更多、更好的工资及待遇。美元贬值使得国内海乘人员减少。

国际海乘人才短缺的现状难以在短时间内改变。据国际旅游组织预测，到2020年，中国将成为世界上最大的旅游目的地。随着中国经济的全面发展，全球国际邮轮也在逐渐向中国转移。发展国际邮轮产业将成为中国经济增长的新方式、新领域。豪华国际邮轮均配备各式大型餐厅、酒吧、商场、影院等豪华设施，集餐饮、美食、文化、休闲、娱乐、旅游为一体，每艘船配备来自全世界各地的员工几百乃至上千名。像亚洲最大的丽星国际邮轮公司，现有5艘国际邮轮穿梭于亚洲各国和旅游城市之间，每艘国际邮轮配有800～2500名员工，目前公司每年从中国内地招聘员工上千人。随着当今国际邮轮经济的迅猛发展，国际邮轮需求的优秀海乘人员资源严重短缺。针对这种海乘人才供不应求的局面，世界海乘人才市场的中心也相应地由发达国家向发展中国家逐步转移。伴随着世界顶级国际邮轮公司纷纷抢滩中国市场，中国海乘人才市场正逐步被打开，海上国际邮轮乘务已成为我国青年男女就业、扩大外汇收入的一条重要途径。

二、海乘职业的特点

（一）海乘职业的独特优势

1. 可以周游世界

邮轮停靠的港口都是世界上最美丽的海滨城市，工作人员可以尽情畅游世界，饱览异国风情。海乘人员工作大部分时间在船上，但仍然有机会上岸逛街、购物。

2. 丰富人生阅历

船上的工作人员来自于世界各地，海乘工作有机会与世界各国的人进行交往，了解其他国家的文化，结交各国的朋友，获取宝贵的人生阅历。船上丰富多色彩的生活，不同文化、不同思想、不同国家、不同风俗之间相互碰撞，给邮轮上工作的年轻人提供了很多学习和了解的机会，将促使他们开阔眼界、成熟思想，这些丰富的经历为他们今后回国以后的就业和生活积累了大量丰富的经验。

3. 积累工作经验

在国际邮轮上工作，海乘服务人员有机会与世界各地的游客接触，置身于英语的语言环境，英语水平会取得很大进步。海乘人员在工作的同时，可以学习国际上高星级酒店的管理方法，积累工作经验，为将来的工作奠定基础。可以说，这份工作在某种程度上来说也是一种理论与实践相结合的学习过程。

除此之外，还有许多其他方面的优势，如由于拥有国际邮轮的从业经验，归国后，大部分星级酒店会提供很高的职位和工资；薪酬比较乐观，由于在船上食宿等船方免费提供，还有免费的医疗保障，加之拥有较高的报酬，因此短期内可以积累起相当的财富。

（二）邮轮海乘工作面临的挑战

1. 生活环境单调、重复

国际邮轮服务员长时间生活在海洋上，工作在邮轮上，工作环境和生活环境与陆地有很大的区别。如海上的水文和气象复杂多变，风浪多，湿度大；邮轮沿航线航行，经常停靠不同的港口；邮轮生活空间狭小，还有噪声、颠簸；长期与家庭、社会分离。

2. 工作劳动强度大

国际邮轮客流量集中、邮轮在港口停泊时间也不固定，各方面都要接受检查，清洁保养等工作量非常大，这些都导致海乘人员工作强度大。另外，由于各种噪声、时差、工作没有规律等原因，邮轮上睡眠质量不高，使人容易疲劳。

3. 工作环境复杂多变

邮轮上的客人来自世界各地，文化背景、价值观念、性格特征、生活习惯等方面都不一样，这些可能会导致服务过程中出现各种各样意想不到的情况。邮轮有时候在港口停泊时间比较长，邮轮服务员有时间在各港口休闲、聚餐、购物，外界的各种诱惑也比较多。另外，工作过程中，会产生各种各样的人际关系，这也是邮轮服务人员面临的考验。

4. 心理压力大

邮轮服务员经常要应对各种安全检查，还会遇到突发事件，加上工作量大，所以面临的压力比较大。他们要经历风浪，还要忍受远离亲人、远离故土的煎熬。虽然有很多不同的岗位和工作，但具体到每个人的工作性质和范围是比较固定和单一的。另外，邮轮工作人员全天生活在船上，重复扮演着几乎同样的角色，个人角色得不到转换。这些会导致邮轮服务人员情绪波动大、精神紧张和疲劳，对职业产生矛盾和厌倦心理。

三、海乘职业的现状

（一）海乘人才短缺，航海行业已经成为新的高薪行业

随着中国经济全面发展，全球游轮业也在逐渐向中国转移。到 2020 年，中国将成为世界上最大的旅游目的地。发展游轮产业将成为中国经济增长的新方式、新领域。游轮海乘专业随之也越来越受到广泛的关注。此专业主要为豪华游轮培养海上乘务员，其工作性质和空中乘务相近。

豪华游轮均按五星级酒店的标准设计，配备各式大型餐厅、酒吧、商场、影院等豪华设施，集餐饮、美食、文化、休闲、娱乐、旅游为一体，每艘船配备来自全世界各地的员工800～2500 名。中国海乘人才的市场正逐步打开，世界海乘人才市场的中心也相应由发达国家向发展中国家转移。海上游轮乘务已成为我国青年男女就业、扩大外汇收入的一条重要途径。

随着当今游轮业的迅猛发展，游轮需求的优秀海乘人员资源严重短缺。从"2006 中国游轮游艇发展大会"获悉，世界多家游轮公司正式进军中国。伴随着世界顶级游轮公司纷纷抢滩中国市场，游轮海乘人才匮乏问题凸显。

（二）国际海乘月薪过万不是梦

空乘（空姐）在许多人眼里已经是高收入的"白领"阶层，实际上，海乘的收入也不低。由于海乘岗位分工很细，不同的岗位收入也不同。欧美的游轮工资相对要比亚洲的游轮高些，但即便是一名普普通通的"海乘"，一个月也能拿到 800～1000 美金的工资，这并不

包括小费和分红；经验丰富的厨师可以达到 1200 美元；综合素质较高的"接线员"月薪则高达 1500 美元以上。高素质的海乘人员月薪超过 1.5 万人民币并不是梦想。

（三）有助于个人职业的可持续发展

邮轮上的工作人员来自多个国家，员工通过工作接触，可结交各国的朋友、获取宝贵的人生阅历，能够学习到西方先进的管理、理念及其法规，员工在游轮上稳定、长久的工作能真正领略国际高水准管理的规范与流程，能够积累丰富的工作经验，对个人职业的可持续发展大有裨益。行业称其为"黄金产业，金子船员"。海乘公司的正式员工，即便将来不在游轮上工作，海乘工作的经历也会使其成为国内外星级宾馆、旅游景区、涉外接待部门和未来中国游轮公司竞相争聘的对象。海乘职业并不是吃"青春饭"的，17～25 岁只是对海乘员工第一次上船所要求的年龄。

第三节　海乘人员的心理特点

一、气质类型对海乘心理的影响

（一）气质的类型

人的气质主要是由遗传决定的。目前，心理学家们普遍认为，在通常情况下，人的气质类型可分为胆汁质、多血质、黏液质和抑郁质四种，四种气质类型的人各有不同的特点表现。

胆汁质相当于神经活动强而不均衡型。这种气质的人兴奋性很高，脾气暴躁，性情直率，精力旺盛，能以很高的热情埋头事业，兴奋时，决心克服一切困难，精力耗尽时，情绪又一落千丈。多血质相当于神经活动强而均衡的灵活型。这种气质的人热情、有能力，适应性强，喜欢交际，精神愉快，机智灵活，注意力易转移，情绪易改变，冷淡时办事重兴趣，富于幻想，不愿做耐心细致的工作。黏液质相当于神经活动强而均衡的安静型。这种气质的人平静，善于克制忍让，生活有规律，不为无关的事情分心，埋头苦干，有耐久力，态度持重，不卑不亢，不爱空谈，严肃认真；但不够灵活，注意力不易转移，因循守旧，对事业缺乏热情。抑郁质相当于神经活动弱型，兴奋和抑郁过程都弱。这种气质的人沉静，深含，易相处，人缘好，办事稳妥可靠，做事坚定，能克服困难；但比较敏感，易受挫折，孤僻、寡断，疲劳不容易恢复，反应缓慢，不图进取。

（二）四种气质类型的优缺点

1. 胆汁质

优点：积极进取，不怕困难，热情高涨，直率豪爽，有魄力。精力充沛，表里如一，刚强果敢，反应迅速，体验强烈，深刻而稳定。行为坚韧不拔，智力活泼敏捷。能以很高的热情埋头事业。兴奋时，决心克服一切困难；精力耗尽时，情绪又一落千丈。

缺点：脾气急躁、暴躁和焦躁，行事鲁莽，易因小事而大发脾气，与别人产生对立情绪，萌生报复心理，办事不考虑后果，事后又后悔，"虽然虚心接受，但坚决不改"。易冲动发泄，感情用事，缺乏耐心，在遇到不如意时，甚至会欺负无辜来发泄不满。

2. 多血质

优点：反应迅速，有朝气，活泼好动，感情外露，遇事敏感，思想活跃，可塑性大，对环境适应性强，快人快语，善于并易于结交朋友，有很强的活动能力和语言表达能力。

缺点：情绪不稳，粗枝大叶。"注意点"变换快，喜怒无常，做事轻举妄动，虑事不周，盲目性大，缺乏耐力和毅力。如《红楼梦》中的王熙凤。

3. 黏液质

优点：人平静，情绪不易变化，也不易外露。善于克制忍让，生活有规律，不为无关的事情分心，埋头苦干，有耐久力，态度持重，不卑不亢，不爱空谈，严肃认真；处变不惊，总能三思而后行。能坚定地执行已做出的决定，不紧不慢地去完成工作，对自己的行为有较大的自制力。

缺点：在运动和行为上都很迟缓；对已习惯的工作比较适应，但对新工作较难习惯；可塑性差；不够灵活，注意力不易转移，因循守旧，对事业缺乏热情。稳重而缺乏灵活，踏实却有些死板，沉着但生气不足。

4. 抑郁质

优点：沉静，深含，易相处，人缘好，办事稳妥可靠，做事坚定，能克服困难；敏锐、稳重、体验深刻，有较多的敏感性，能感觉出一般人所觉察不出的事。富于想象，办事谨慎，对力所能及的工作坚韧不拔。

缺点：多愁善感，心理反应速度慢，遇事犹豫不决，缺乏果断，动作迟缓。易受挫折，怯懦，孤僻，寡断，疲劳不容易恢复，不图进取，面临危险和紧张情况时，常表现出恐惧和畏缩；受挫后，会心神不安。这种人不好抛头露面，不爱表现自己，不善与人交往，常有孤独感。《红楼梦》中的林黛玉是抑郁质人的典型代表。

（三）给不同气质类型的建议

1. 胆汁质：添点儿缓和元素

① 停止"抬杠"，别处处好为人师，试着响应一下他人的号召吧！

② 减少对别人的压力，不要小看跟随者，更不要瞧不起上司。

③ 不要"免费赠送"做许多事；适当放松自己，别为休闲而愧疚。

④ 学会道歉。

2. 多血质：添点儿统筹元素

① 说话减少一半（试着在讲到兴头处停止），并学会不插嘴、不抢答。

② "我"的句式少一些，学会聆听，注意他人的感受。

③ 记住新同学的姓名，并且写在本子上！

④ 切切实实做好手头的事，不要动辄就转轨、另谋高就。要勇于承担责任，发挥潜能，如此你可以达到任何事情的顶峰。

3. 抑郁质：添点儿快乐元素

① 没人喜欢阴沉的人。

② 你的要求可能不切实际，适当放宽标准吧！

③ 学会正面看事物，别那么容易受伤，要明白很多人说话其实都未经大脑思考。

④ 不要花太多时间做计划，如果总想到"万一不行"，那么再想三点好处。开始行动吧，万事俱备的情况是没有的。

4. 黏液质：添点儿振奋元素

① 尽量想出一些新点子，热情地去行动，至少一周一次。

② 不要得过且过，今日事今日毕。如果难以做到，告诉你的朋友督促你。

③ 要表态、要拿主意，不要事事说"随便"。

④ 要学会拒绝别人，学会说"不"。

总之，四种性格的人人生意义各有侧重，胆汁质是工作、前进，多血质是欢乐、情趣，抑郁质是贡献、牺牲，黏液质是轻松、随和。

（四）不同气质类型的海乘心理行为表现不同

不同气质类型的人，在海乘工作环境中表现是不同的。例如，多血质的海乘情绪丰富，容易适应新环境，但注意力不稳定，兴趣容易转移。抑郁质的海乘工作中耐受力较差，易感到疲劳，但感情比较细腻，做事审慎。相比而言，在环境不良的情况下，那些典型或较典型的胆汁质或抑郁质的海乘，尤其是胆汁质—抑郁质混合型的海乘较容易产生心理问题，进而影响学习、生活和成功。从神经类型的角度看，神经系统脆弱的人，承受外界刺激的能力较低，容易在不良因素的刺激下产生心理障碍或心身疾病，如神经衰弱、抑郁症或胃溃疡。而对于神经系统强而不均衡的人来说，经常处于兴奋、紧张和压力之下，容易患心血管疾病，属于这些气质类型的海乘应积极改善气质，扬长避短，促进自身心理健康。

此外，气质不同的人在说话、走路、与别人交流、学习、工作、休息以及怎样表现自己的痛苦与快乐、怎样对不同事件作出反应等方面都会有所不同。了解这一点，对于海乘间加深理解、融洽相处很有好处。人与人之间相处，彼此了解对方的性格、气质特点，自然就增加了谅解，不再因别人说话急躁而不愿与人打交道，不再因别人不那么热情而感到不快，减少在人际关系问题上的苦恼。

二、海乘面临的主要心理健康问题及成因

2013 年 11 月～2014 年 6 月，我们调查了 11 名中国籍邮轮乘务员，其中 9 名在歌诗达邮轮工作，2 名在丽星邮轮上工作。从工作的状态来说，这 11 名中国籍邮轮乘务员中的 6 人都已经历了第 1 个船期，其余 5 人正处于第 1 个船期。由于有了邮轮工作的经历，所以这 6 名乘务员明显表现出对邮轮工作、邮轮环境和国际邮轮文化较为适应。处于第 1 个船期的 5 人则都表示要适应这些，非常有压力。在第 1 次接触这 5 名乘务员时，只有 2 人表示自己还能继续坚持，其余 3 人表示出了情绪较为低落或不太适应的状况，随后这 3 人在结束第 1 个船期之后在岸上找了工作，换了职业。总体来说，目前还在邮轮上工作的 8 名乘务员，尤其是已经历了第 1 个船期的乘务员，他们在适应国际邮轮这一新的工作和社会环境过程中，

都有如下的心理历程：刚刚登上邮轮工作时特别兴奋，工作一段时间之后心情特别沮丧，接着慢慢从国际邮轮文化环境和自己惯常文化环境的差异中恢复过来，并继续努力工作，能与同事用英语有效沟通，工作也慢慢得心应手，最后渐渐适应了国际邮轮的生活和工作。这些历程大致体现了跨文化适应的蜜月阶段、危机阶段、恢复阶段和适应阶段。通过了解他们第1次船期的心理感受情况，发现在他们跨文化适应的最初阶段，适应水平最差。在这期间，邮轮乘务员的生活环境从陆地转为海上，他们随生活变化而产生心理变化波动的频率最高。和不同文化背景的同事相处，其英语听说能力的不足导致他们跨文化交际能力较差。因此出现抑郁等负面情绪，这种情绪在到邮轮上工作的第一个月出现频率最高。

（一）海乘主要心理问题的成因

海乘是一个特殊的职业群体，主要从事邮轮船队上的各种服务性工作。海乘长期在海上工作，比陆地人员更容易产生各种消极情绪及厌倦情绪，如果这种情绪没有很好的发泄和正确的引导，时间久了就会形成比较严重的心理问题甚至心理疾病；将造成身心健康受损、工作效率下降、人际关系冲突等种种问题。对于这些危害，我们要有足够的认识和高度的重视。

海乘的工作环境以及职业特点会造成一些心理问题。在邮轮上工作，海乘要经受许多常人不常遇到的复杂因素的影响，具体如下。

1. 邮轮的特点不利于海乘心理调节

邮轮的客流量集中、工作强度大，邮轮在港停泊时间长短不一，方方面面的检查频率高，进出港、接受检查、值班、清洁保养等连续工作时间长，缺乏睡眠、低质睡眠（时差、无规律等影响）使人疲劳，加上高度紧张的工作，容易产生烦躁、抑郁、焦虑的情绪，不利于海乘心理调节。

2. 不同航线对心理的影响

对于中国海乘来说，亚洲航线主要集中在香港、马来西亚、新加坡，海乘能及时通信联络，生活环境与工作环境大多接近亚洲人的习惯，而且家离自己不远（心理作用），并有机会回家，便于解决一些家庭、工作中的矛盾。新鲜丰富的伙食、及时资讯的获得也都有利于释放压力、调节心理。欧美航线则集中在美国加勒比海域、地中海海域、红海海域和东非沿岸，海上航行时间长、异域文化差异明显、压力大、家中之事往往鞭长莫及。时差大、季节变化快等均不利于释放压力、调节心理。

3. 不同工作岗位对心理的影响

海乘工作竞争激烈，不同工作岗位受到的重视不同，收入差别很大。客房服务员，尤其是 PA 服务员，压力大，工作强度大，晋升途径相对不畅，收入和受重视程度相对要低，就不容易调节心理。而餐厅、酒吧服务员则较受重视，收入也较高，较容易调节心理。

4. 不同人员素质对心理的影响

接受的教育多、掌握的技术水平高、遵纪守法等自控能力强、整体素质好的海乘，心理素质相对较好。

5. 不同外界环境和邮轮氛围对心理的影响

邮轮海上航行时间短、靠泊时间长，豪华邮轮海乘有机会在各港口聚餐、休闲，来自外界的诱惑多，如果船舶疏于管理，时间一长就会形成这一帮、那一派，复杂的人际关系等容易使海乘心理失调。

（二）海乘常见的心理问题

1. 紧张综合征与精神疲劳

海乘平时工作量大，压力也大，要随时应对各种严格的安全检查，有时还会遇到突发事件。这些都需要他们付出很大的努力去适应，有时甚至超出他的适应能力，使海乘在较长时间内始终处于心理紧张的状态，从而出现反应迟缓、无所适从、惊慌失措等心理障碍。

2. 情绪波动大，并随在船工作时间的延续表现得越来越明显

在一般情况下，船上工作三个月以后，有些海乘就会产生情绪不稳定、生理活动指标下降、易急躁、睡眠障碍、能力下降、对家庭思念加重、职业倦怠感明显等现象。个别海乘甚至会表现得缺乏理智，乃至为了一点鸡毛蒜皮的小事而拔刀相向、大打出手，事后又追悔莫及。还有些海乘则表现为沉默寡言、心事重重。

3. 对职业的矛盾心理

在整个职业生涯中，海乘虽然职务可以得到不断的升迁，但工作、生活的环境几乎不变。这种职业的特殊性导致不少海乘在从事邮轮业二、三年以后逐步丧失原来由理想支撑的职业兴趣，甚至产生厌恶、恐惧的心理，试图离开这个职业，但又感觉没有其他基础，难以走出去，陷入了欲罢不得、欲干不愿的矛盾苦恼之中。有些海乘从邮轮上回来后就又想回去，上邮轮工作了一段时间后又产生厌倦感，寻找种种理由想回来，不仅自己十分苦恼，也影响到了邮轮的稳定和其他海乘的情绪。

4. 性心理的影响

性压抑（心理），也叫性饥饿，是指人对自身性欲望的制约与控制，表现为在一段时期内控制发生性行为的频率，将注意力从性欲中转移到其他事物上，对异性与性行为极度渴望却因为种种原因不能接近异性或不能发生性行为的一种心理与生理状态。尤其在邮轮这种狭小而多熟人的空间里，这种心理状态表现得更为明显。邮轮上不提倡交男女朋友，也有少数邮轮公司明文规定不允许谈男女朋友。海乘长时期远离配偶，性需求难以得到满足，加之邮轮公司的规定，十分容易出现性压抑心理。

（三）海乘的心理调节

关心海乘的心理健康，需要海乘自身、中介、管理机关和海乘家属的共同努力。首先，海乘应学会自我调节。对自己要有一个客观的评价，要学会转移情绪，消除怨气。还要学会自我激励，培养良好的心理应变能力和遭遇挫折的耐受力。其次，各级管理机关要把好海乘上船的"心理关"，把海乘的心理素质作为能否上船的考核依据之一。再次，中介外派机构对海乘要给予更多的关心，及时掌握他们的思想动态和情绪变化，及时疏导和解决问题。最后，海乘家属也要积极做好各种生活后勤保障工作，加强与海乘的精神和情感交流，解决海乘的后顾之忧。总之，海乘自身的心理素质是关键，对此要有认识，并不断加强学习，善于交流，专心工作，培养健康的业余爱好，对各种问题要"拿得起，放得下"，通过各种手段调节自己的心理状态，及时消除和转移各类消极情绪。

 扩展阅读

自我放松技巧

（1）静默法 如气功、瑜伽、坐禅中的训练法。要环境安静、思想集中、情绪稳定，最好仰卧或平坐，从头顶至脚底分三线进行。第一线：两侧；第二线：前面；第三线：背面；最后集中在脐部。闭目，每默想到一个部位，便默念一个"松"字，速度稍慢，呼吸自然。每次约20分钟。

（2）暗示法 在安静环境下，采取舒适的姿势，闭眼默诵暗示性指导语：我的呼吸平静缓慢，我感到很安全，一股暖流流向我的（接身体不同部位）……，我全身是温暖、放松的，我感到身体内、头脑内很舒服、很放松。我的身体充满活力，我慢慢恢复了活力……（睁眼）

（3）深呼吸 或者加暗示指导意念。如吸气时想"富含氧气的新鲜空气慢慢吸入我的身体……"呼气时想"一切烦恼"（或其他不适）都一齐呼出体外……"

（4）生物反馈放松训练 如果自我训练难以达到或体验到放松的感觉，也可以到心理咨询治疗机构，用生物反馈仪器帮助自己体验和学会放松。

 心理测试

气质类型自测

下面60道题可以帮助你自我判断气质类型。判断的方法很简单：你以为很符合自己的情况，记2分；比较符合的记1分；介于符合与不符合之间的记0分；比较不符合的记−1分；完全不符合的记−2分。

① 做事力求稳当，不做无把握的事。
② 宁肯一个人干事，不愿很多人在一起。
③ 遇到可气的事就怒不可遏，把心里话全说出来才痛快。
④ 到一个新环境很快就能适应。
⑤ 厌恶那些强烈的刺激，如尖叫、危险镜头等。
⑥ 和人争吵时，总是先发制人，喜欢挑衅。
⑦ 喜欢安静的环境。
⑧ 善于同别人交往。
⑨ 羡慕那种善于克制自己感情的人。
⑩ 生活有规律，很少违反作息制度。
⑪ 在多数情况下抱乐观态度。
⑫ 碰到陌生人觉得拘束。
⑬ 遇到令人气愤的事能很好的自我克制。
⑭ 做事总是有旺盛的精力。
⑮ 遇到问题常常举棋不定，优柔寡断。
⑯ 在人群中从来不觉得过分拘束。

⑰ 情绪高昂时，觉得干什么都有趣；情绪低落时，又觉得什么都没意思。
⑱ 当注意力集中于一事务时，别的事很难使我分心。
⑲ 理解问题总是比别人快。
⑳ 碰到危险情景，常有一种极度恐惧和紧张的感觉。
㉑ 对学习、工作、事业怀有很高的热情。
㉒ 能够长时间做枯燥、单调的工作。
㉓ 符合兴趣的事情，干起来劲头十足，否则就不想干。
㉔ 一点小事就能引起情绪波动。
㉕ 讨厌做那种需要耐心、细致的工作。
㉖ 与人交往不卑不亢。
㉗ 喜欢参加热烈的活动。
㉘ 常看感情细腻、描写人物内心活动的文学作品。
㉙ 工作、学习时间长了，常常感到厌倦。
㉚ 不喜欢长时间谈论一个问题，愿意实际动手干。
㉛ 宁愿侃侃而谈，不愿窃窃私语。
㉜ 别人说我总是闷闷不乐。
㉝ 理解问题常比别人慢些。
㉞ 疲倦时只要短暂的休息就能精神抖擞，重新投入工作。
㉟ 心里有话宁愿自己想，不愿说出来。
㊱ 认准一个目标就希望尽快实现，不达目的，誓不罢休。
㊲ 学习、工作同样一段时间后，常比别人更疲倦。
㊳ 做事有些莽撞，常常不考虑后果。
㊴ 老师或师傅讲授新知识、技术时，总希望他讲慢些，多重复几遍。
㊵ 能够很快的忘却那些不愉快的事情。
㊶ 做作业或完成一件工作总比别人花的时间多。
㊷ 喜欢运动量大的体育运动，或参加各种文艺活动。
㊸ 不能很快的把注意力从一件事转移到另一件事上去。
㊹ 接受一个任务后，就希望把它迅速解决。
㊺ 认为墨守成规比冒风险强些。
㊻ 能够同时注意几件事情。
㊼ 当我烦闷时，别人很难使我高兴起来。
㊽ 爱看情节起伏跌宕、激动人心的小说。
㊾ 对工作抱认真严谨、始终一贯的态度。
㊿ 和周围人们的关系总是相处不好。
(51) 喜欢复习学过的知识，重复做已经掌握的工作。
(52) 希望做变化大、花样多的工作。
(53) 小时候会背的诗歌，我似乎比别人记得清楚。
(54) 别人说我出口伤人，可我并不觉得这样。

○55 在体育活动中，常因反应慢而落后。

○56 反应敏捷，头脑机智。

○57 喜欢有条理而不甚麻烦的工作。

○58 兴奋的事常使我失眠。

○59 老师讲新概念，常常听不懂，但是弄懂以后就很难忘记。

○60 假如工作枯燥无味，马上就会情绪低落。

备注：多数人的气质是一般性气质或两种气质的混合性，典型气质和三种气质混合性的人较少。

① 把每题得分按下表题号相加，再算出各栏的总分。

胆汁质：2 6 9 14 17 21 27 31 36 38 42 48 50 54 58

多血质：4 8 11 16 19 23 25 29 34 40 44 46 52 56 60

黏液质：1 7 10 13 18 22 26 30 33 39 43 45 49 55 57

抑郁质：3 5 12 15 21 24 28 32 35 37 41 47 51 53 59

② 如果多血质一栏得分超过20，其他三栏得分相对较低，则为典型多血质。如这一栏在20分以下，10分以上，其他三栏得分较低，则为一般多血质。如果有两栏的得分显著超过另两栏得分，而且分数比较接近，则为混合型气质。如胆汁—多血质混合型、多血—黏液质混合型、黏液—抑郁质混合型等。如果一栏的得分很低，其他三栏都不高，但很接近，则为三种混质的混合性，如多血—胆汁—黏液质混合型或黏液—多血—抑郁质混合型。

本章小结

心理健康问题是现实生活中愈来愈需要引起重视的问题。随着改革开放和社会主义市场经济体制的建立、社会竞争的日趋激烈、环境刺激的多样化、价值观念的多元化、人际关系日益紧张复杂化、生活节奏迅速加快、贫富差距显著拉大……这一切都不同程度地加重了青年的心理负荷，使其出现了不同程度的心理困扰。青年作为思想最活跃、感受最灵敏、对自己的期望很高、对挫折的承受能力不强的一个特殊群体，心理健康更承受着极大的威胁和考验。因此，关注青年的心理发展，注重青年健康心理的培养，是一个必须关注的重要课题。

思考题

1. 什么是心理健康？现代心理健康的标准是什么？

2. 性格对心理会产生怎样的影响？

3. 海乘面临的主要心理问题有哪些？应如何调节？

第二章

海乘作业环境对海乘人员心理的影响

＜＜＜＜＜＜＜＜

本章导读

　　随着世界经济的持续性繁荣和发展以及全球旅游服务业需求的不断增长，作为国际豪华旅游船队人才资源的重要组成部分——海乘人员的队伍也日益壮大起来。海乘人员工作条件相对特殊，海上风浪大，水文和气象环境变化复杂，邮轮的作业空间较为狭小，并常常伴有噪声、高温、颠簸、空气污染等因素，加之在邮轮上不能经常得到新鲜绿叶蔬菜的供应和及时获得丰富的资讯，劳动强度大，工作时间长而且多不规律，由此造成了一系列身心问题。如何能及时有效地进行自我调节，以及当邮轮远离海岸、城镇在远海航行时，一旦遇到船上人员发生紧急伤病，海乘人员如何能迅速调整好自己的心理，及时对伤病员做出准确的处理是本章我们要一起关注和探讨的问题。

学习目标

　　目标一：晕动病发生时的心理调节；

　　目标二：了解噪声对海乘人员可能造成哪些伤害；

　　目标三：掌握治疗中暑的措施；

　　目标四：了解嗜酒的危害；

　　目标五：邮轮上发现传染病人的心理调适和应对；

　　目标六：掌握基本的急救知识，能冷静、正确地处理邮轮上的伤病员。

第一节　晕　动　病

当邮轮处于航行或停泊状态时，由于涌浪而引起的船体的剧烈颠簸、摇摆，使人体内耳迷路受到机械刺激，造前庭平衡功能紊乱，导致以眩晕、出冷汗、恶心、呕吐为主要临床表现的病症，称为晕船病。晕船病、晕车病、晕机病又统称为晕动病（Motion Sickness）。晕动病是一种最常见的航海疾病，虽然一般不会造成生命危险，但是对于身体不适导致不能正常饮食而仍需坚持工作的海乘人员将会造成身心极大的伤害。

一、晕动病的发病机制

晕动病的发病机制虽然至今为止仍未完全明确，但是可能会与以下几个方面有关。

（一）前庭因素

囊斑或毛细胞受到一定量的不正常运动刺激，引起神经冲动依次由前庭神经传至前庭神经核，再传至小脑和下丘脑，因而引起一系列以眩晕为主要症状的临床表现。当前庭受刺激后将会影响网状结构导致呕吐和血压下降，前庭神经核通过内侧纵束纤维影响眼肌运动核，引起眼球震颤，小脑和下丘脑受神经冲动后引起全身肌肉张力改变。这也正是为什么前庭器官发育不全的婴儿，或者丧失耳前庭功能的聋哑人和有迷路缺陷的人从不发生晕动症的原因了。

（二）视觉因素

经过大量的临床观察发现晕动病与视觉刺激有一定的相关性。例如，在海上航行时，由于眼睛不断地凝视起伏的波浪，视线发生快速的变更，容易引起晕船。

（三）精神因素

当身体处于缺乏睡眠、极度疲劳、心情郁闷、精神紧张时，个体也容易出现晕船的状况。甚至有的人有过晕车、晕船的经历后，在潜意识里产生了焦虑的情绪，以后一旦登船，即使船未动，也会因条件反射引起晕船。

（四）其他因素

除上述因素外，还有其他因素引起晕动病，例如，在温度高、湿度高、通风不良、噪声大的作业环境中极易发生晕动病。又如，不合口味的食物、呕吐物的气味对感觉器官的不良刺激也可诱发晕动症。

二、晕动病的临床表现

根据晕动病发生时的临床表现，本病可以分为以下三型。

（一）轻型

主要临床表现为咽部不适，唾液分泌增加，吞咽动作频繁。上腹部有似饥饿状的空虚感，并同时伴有头晕、头痛、恶心、思睡、面色苍白等症状。

（二）中型

主要临床表现为厌食、剧烈头痛、反复发作的恶心呕吐，吐后不适症状暂时减轻，面色苍白或轻度潮红。

（三）重型

主要临床表现为轻型、中型症状加重，感觉疲乏无力，剧烈呕吐，甚至吐出胆汁或血性液体，即使胃内容物已经吐空，仍然作呕不止，甚至出现脱水现象，面色苍白，四肢厥冷，体温低于正常。

三、晕动病给海乘人员心理带来负面影响

海乘人员在邮轮工作中一旦发生晕动症不但身体感到不适，由于身体的不适也会引起心理的负面影响，常常会产生消极、烦躁、焦虑的情绪。在工作中容易与他人发生冲突。晕动症发病症状严重、病程持续时间长的人员甚至离开邮轮工作环境一段时间后，得知需要再次上船工作时会产生焦虑或恐惧的心理。

四、晕动病的治疗

（一）一般处理措施

将患者安排在通风良好、安静、运动刺激小的场所。安置患者处于仰卧或半卧位，闭目，头部抬高固定，并注意保暖。

（二）药物治疗

对于症状严重的病人，可以口服抗组胺药物茶苯海明片（晕海宁）25～50毫克，一日2～3次。注意，青光眼、哮喘及前列腺肥大者慎用。此外，服用此药物后禁止机械操作。对于剧烈呕吐的患者可以口服或肌肉注射甲氧氯普胺（胃复安）10毫克。对于情绪不稳定者，可以口服安定片2.5～10毫克，也可肌肉注射安定注射液10毫克。

五、晕动症的预防

大多数人是可以通过锻炼来提高抗晕船能力的，比如拥有长期航海经历的渔民和船员，他们一般不容易晕船。有趣的是，人们对晕船的适应能力是暂时获得的，如果长期离船工作，当再次回到船上工作时，有的人仍会发生晕船。因此有过晕船经历的海乘人员，即使暂时离开邮轮，也需要在陆地上采用秋千、单双杠、滚轮、浪桥等器械训练以保持对晕船的适应能力。

每次航行前海乘人员需要调整好自己的身心状态以提高抗晕船能力。在航行中尽量保证充足的睡眠，避免不必要的熬夜，防止过度疲劳。衣着注意防寒保暖。在浪涌剧烈的时候，饮食上既要注意不要进食油腻不易消化的食物，也不要空腹。在航行中尽量调整好自己的情

绪，保持良好的心情也可以提高抗晕动症的能力。对于有晕动病史的海乘人员，也可以用把膏药贴在肚脐上的方法有效地防止晕船引起的呕吐。但应注意孕妇禁用此法，膏药中的麝香成分易引起流产。

有风浪时海乘人员还可尽量改善船舶条件，降低震动和噪声；加强通风，保持舱内空气流通、新鲜，维持适宜的温度与湿度，创造良好的环境减少晕动症产生的不良诱因。

初次从事海乘工作的美美同学

美美在大学里学的是英语专业，刚刚毕业就找到了一份海乘的工作。由于在入职前美美没有对海乘这个职业进行客观而全面的了解，所以认为从事海乘这个职业意味着高薪，可以免费周游世界，每天和蓝天、白云、大海打交道，十分浪漫。在飞往工作邮轮所在地点时，由于航班延误，美美没有给自己留出足够的在目的地倒时差的时间，导致美美刚刚赶到邮轮就开始了海乘工作。刚入职的美美由于一路上精神亢奋，身体没有得到好好的休息，并且还不适应紧张而忙碌的海乘工作，在航行的第三天由于邮轮在海上遇上大风浪，美美开始剧烈呕吐，头痛剧烈，四肢无力。由于身体不适，晕船症状加重的美美开始感到焦虑和烦躁，甚至在工作中和乘客发生了争执，被乘客投诉。当美美被主管不由分说的重重地批评了一番后，她再也控制不住自己的情绪，躲在一间平时装杂物的舱室里号啕大哭。这时被路过的同事萍姐发现。萍姐请美美来到自己的寝室，一边安慰美美，一边问明原因。原来美美刚刚入职，虽然在大学里学的是英语专业，但是对游轮上的同事和乘客说的带地方口音的英语还听不懂，暂时还没有交到新朋友，在新环境里常常感到孤独寂寞，加之晕船症状厉害，身体不适，一想到在这种情况下还要持续工作10个多月，美美心里充满了焦虑。想辞职，又觉得对不起父母辛辛苦苦赚钱为自己凑的中介费，美美此时的心情既焦虑又烦躁。萍姐递上湿毛巾让美美擦干眼泪，又给美美服用了乘晕宁，并替美美请了病假，让美美早些睡。第二天当美美一觉醒来，她感觉自己的身体好多了，萍姐为美美端来一份香喷喷的面条。萍姐告诉美美，自己已经有五年的海乘工作经验了，刚入职时也有和美美一样的不适，但是及时调整好自己的身体，不要让自己太疲劳，遇上风浪时饮食尽量清淡一些，常常保持良好的情绪，抗晕船的能力是可以提高的。语言障碍通过多听多说也是可以克服的。如果美美在游轮上遇到了困难，可以随时来找她帮忙。美美向萍姐道过了谢后，来到了甲板上，此时海上风和日丽，美美对着蔚蓝的大海默默地对自己说："一切都会好起来的，我能行！"

第二节　噪　声

一、噪声和噪声污染

声音是一种物理现象，我们在生活中既看不见也无法摸到它。可是你知道吗，大自然的一切声音都是靠物体震动产生的。从物理学的角度来说，物体规则震动发出的声音称为乐音，不规则震动发出的声音称为噪声。从环境的角度来看，凡是在学习、工作、生活中产生的能给我们带来内心愉悦、心情舒畅等美好体验的声音我们称之为乐音；而让我们感到心情烦躁、厌恶等不喜欢听或不悦耳的声音我们称之为噪声。当然对于一种声音是否属于噪声，仅仅从物理学和环境的角度判断是不够的，主观上的因素也往往起着决定性作用。比如，一段旋律优美的音乐，对于正在欣赏它的人来说就属于乐音；然而，对于那些正在休息、学习和集中注意力思考问题的人来说就属于噪声。因此，从生理学的角度来解释凡是干扰人们休息、学习、生活的声音，即人们不需要的声音，统称为噪声。

当噪声对人和周围环境造成不良影响时，就形成了噪声污染。

二、邮轮上主要噪声污染的来源及危害

邮轮上靠近内燃机舱的区域，是受到机械噪声污染的区域。而邮轮上的餐厅、酒吧等人群密集的公众场合也是噪声污染比较严重的区域。

邮轮上噪声污染造成的对海乘人员的身体危害主要有以下几点。

（一）损伤听力

如果长期暴露在噪声环境里，听力就会减弱，进而导致听力下降，对听觉器官造成器质性损伤。在强噪声的环境下可导致耳部出现各种不适症状，如耳鸣、耳部刺痛、听力损伤，如果噪声超过 115 分贝，还有可能造成耳聋。

（二）视力损伤

人们只知道噪声影响听力，其实，经研究发现噪声还影响视力。当噪声强度达到 90 分贝时，人的视觉细胞敏感性就会下降，识别弱光反应时间延长；当噪声强度达到 95 分贝时，有 40％ 的人瞳孔放大，视力模糊；而当噪声强度达到 115 分贝时，多数人的眼球对光亮的适应都有不同程度的减弱。所以，长期处于噪声环境中的人容易发生视疲劳、眼痛、视力模糊和视物流泪等眼部损伤的现象。同时，噪声还会导致色觉和视野发生异常。

（三）诱发多种疾病

长期的噪声影响会使人处于紧张状态，导致心率加快、血压升高，甚至诱发胃肠溃疡和内分泌系统功能紊乱等疾病。根据相关研究，噪声是造成心血管疾病的危险因子之一，它会加速心脏衰老，增加心肌梗塞发病率。医学专家经人体和动物实验证明，长期接触噪声可使体内肾上腺分泌增加，从而使血压上升，在平均 70 分贝的噪声中长期生活的人，其心肌梗死发病率增加 30％ 左右，特别是夜间噪声发病率更高。

（四）造成心理危害

邮轮噪声也会影响海乘人员的神经系统，容易使海乘人员心情烦躁、易怒，不能集中精力学习和工作，并且容易引发工伤和事故。噪声长期作用于海乘人员的中枢神经系统，可使大脑皮层的兴奋和抑制失调，条件反射异常，出现心慌、记忆力减退、注意力不集中等症状，严重者可产生精神错乱。这种症状，药物治疗疗效很差，但当脱离邮轮噪声环境时，症状就会明显好转。海乘人员的睡眠受到噪声的干扰，就不能消除疲劳、恢复体力。噪声还可

引起头晕、头痛、失眠、多梦、全身乏力以及恐惧、易怒、自卑甚至精神错乱。

三、邮轮噪声的防治

（一）积极改善海乘人员的工作环境

在噪声舱室的天花板、墙壁安装吸音材料。在噪声工作环境中实施轮流值班制度。噪声若无法降低至安全水平以下建议佩戴耳朵防护器。

（二）定期检查听力

及时发现听力损伤，尽早治疗。由于噪声造成的听力损伤通过及时发现、尽早治疗都能达到较好的治疗效果。

第三节 中 暑

中暑是指人体较长时间处于烈日下或者高温环境中，机体的体温调节发生障碍而导致体温过高的急性病症。海乘人员在空气温度高、湿度大、通风不良的环境中，长时间工作或进行强体力劳动，加上饮水不够、着装不当等，造成体内的热量不能及时散发出去，容易发生中暑。

一、中暑的分类和临床表现

一般中暑根据病情的严重程度划分为三种情况：①先兆中暑。患者有头昏、耳鸣、胸闷、心悸、恶心、大汗、口渴、四肢无力以及注意力不能集中等现象，体温正常或稍高，如果能及时离开高温环境，可以很快恢复。②轻度中暑。有先兆中暑症状，同时伴有面色潮红、体温继续升高或者伴有早期循环衰竭症状，如面色苍白、血压下降、脉搏细弱、皮肤湿冷等。③重度中暑。除有上述症状外，还有晕厥、痉挛、高热、体温达 40℃ 以上甚至昏迷等症状。

中暑根据病情的轻重分为三种类型：①热痉挛。在高温环境下进行剧烈运动、大量出汗后，人体容易出现肌肉痉挛，最易发生的部位是腓肠肌，腓肠肌痉挛一般持续 3 分钟后缓解，无明显体温升高的症状。热痉挛症状的出现与严重的体内钠离子缺失（大量出汗未及时补充盐水）和过度通气有关。②热衰竭。最为常见，常发生于老年人、儿童、慢性病患者和体弱者，系心血管功能对高温不能适应的一种表现。病人可有面色苍白、血压下降、脉搏细弱、皮肤湿冷等明显脱水症状，甚至出现昏迷等症状，体温可能轻度升高。③热（日）射病。这是一种致命急症，表现为体温超过 40℃ 以上的急症和神志障碍。热射病多发生于在高温、湿度大和无风的环境中进行重体力劳动或者剧烈运动时，过热型患者突出表现为皮肤干燥、灼热潮红、无汗，体温高达 40℃ 以上，伴有意识模糊、抽搐、昏迷。早期瞳孔缩小，对光反射迟钝；晚期瞳孔散大，对光反射消失，心动过速，血压下降，脉搏洪大，呼吸困难甚至死亡。日射病是因头部长时间受强烈的太阳直接辐射，引起脑膜及脑组织充血所致，突出表现为剧烈呕吐，皮肤干燥，体温不升或略微升高，重者意识不清、抽搐等。

二、中暑的急救方法

（1）中暑以预防为主，一旦发现先兆中暑或者轻度中暑表现，患者应立即撤离高温作业的环境，到阴凉、通风、安静地方休息，例如走廊等。病人取半仰卧位，解开衣扣，脱去或松开衣服，同时用电扇或扇子扇风，以帮助散热。有条件时可在空调房内降温，同时补充含盐清凉饮料，即可逐渐恢复。对于有大量出汗或伴有呼吸衰竭倾向的轻度中暑患者，可以饮大量的糖盐水，有条件做静脉输液者最好输葡萄糖生理盐水，也可以给病人服用人丹、藿香正气水等药物。

（2）重度中暑患者必须争分夺秒地抢救，迅速降低过高的体温，纠正水电解质的紊乱，防止休克和脑水肿等。

（3）用冷水或冰水冷敷头部、颈部及四肢大血管处（如腋窝、腹股沟）等进行物理降温。也可用40％酒精擦身，同时按摩病人的四肢，以防周围循环的停滞。

（4）药物降温与物理降温同时运用效果较好。常用的降温药物是氯丙嗪，该药物有抑制体温、调节中枢、扩张周围血管、加速散热、松弛肌肉及降低氧耗量的作用。用法：将氯丙嗪 25～50 毫克稀释至 500 毫升葡萄糖溶液或生理盐水中滴注 1～2 小时。病情紧急时，可将氯丙嗪 25 毫克或异丙嗪 25 毫克稀释于 100～200 毫升葡萄糖溶液或生理盐水中，在 10～20 分钟内滴注完毕。若 2 小时后体温仍无下降趋势，可再重复一次。滴注时注意观察血压、心率、呼吸等变化。受条件限制时，亦可使用阿司匹林等药物。

如果经上述处理仍无好转者，应当尽快送医院治疗。中暑病人转送就医的注意事项：先兆中暑和轻度中暑，予以脱离高温现场后对症处理即可，不必转送就医；热痉挛和热衰竭在现场急救后，观察现场变化并给予对症处理，一般不必转送就医。热射病患者，现场急救后应当立即转送上一级医院继续治疗。在转送过程中，应保持呼吸道通畅、吸氧。继续物理降温和静脉输液，密切观察生命体征变化并予以对症处理。

第四节　急性酒精中毒与嗜酒的危害

一、急性酒精中毒的表现与应对

无论东方还是西方都有着历史悠久的酒文化。作为海乘人员在邮轮的工作和生活环境相对狭小，活动范围受限，高温、高湿、颠簸、震动、噪声等物理因素持续作用于躯体，既消弱了机体自身的调节功能，也导致精神疲惫；海上生活内容单调、枯燥、信息闭塞，有可能导致海乘人员出现孤寂、无聊、抑郁感；更因为工作中常常遇到多变的气候、风浪、潮涌等不确定危险因素，极易引起海乘人员身体疾病和心理困扰。因此，海乘人员饮酒常常与不适应航海环境和个人的沮丧情绪有关。当一次饮用过量的酒或酒精饮料，引起中枢神经系统由兴奋状态转为抑制状态时，我们称之为急性酒精中毒，俗称醉酒。酒或酒精饮料的主要成分乙醇具有脂溶性，可以迅速透过大脑神经细胞膜而作用于中枢神经系统，小剂量出现兴奋作用，随着乙醇浓度的增高，可作用于小脑引起共济失调，高浓度乙醇将抑制延髓中枢，引起呼吸、循环功能衰竭。

急性酒精中毒的临床表现：①急性酒精中毒引起的消化系统临床症状主要表现为胃的刺激症状，如恶心、呕吐和腹部疼痛，严重时甚至可能出现呕血、黑便等胃出血的症状。②急性酒精中毒引起的神经系统临床症状依据其程度的轻重主要分为三期，即兴奋期、共济失调期和昏迷期。兴奋期主要表现为自负、欣快、多语、情绪激动等。共济失调期主要表现为动作笨拙、走路不稳、语无伦次、吐字不清、视力模糊等。昏迷期主要表现为昏睡、体温过低、瞳孔散大。进一步发展可表现为心率加快、呼吸缓慢、大小便失禁、抽搐，严重者可出现呼吸循环衰竭，甚至死亡。

急性酒精中毒的治疗：①大多数轻度急性酒精中毒患者不需要特殊治疗。可以给其饮用浓茶、咖啡和糖水，促使其尽早排出体内的酒精。但要注意保暖，并将其头部偏向一侧，有利于呕吐物能够顺体位方向流出体外，防止呕吐物阻塞呼吸道引起窒息。②对于处于昏迷期的重度急性酒精中毒患者，应尽早送往医院救治。在无法送往医院治疗时，可以肌肉注射或者静脉注射纳洛酮 $0.4\sim0.8$ 毫克，这样有利于缩短患者的昏迷时间，必要时可重复给药。或者静脉注射 50% 葡萄糖溶液 100 毫升、维生素 B_1 100 毫克和维生素 B_6 100 毫克，加速乙醇在体内的氧化。对于呼吸抑制的患者要给予吸氧，并使用呼吸兴奋剂尼可刹米（可拉明）等。对于呼吸心跳停止的病人要立即实施心肺复苏术，帮助其恢复自主呼吸和心跳。此外，患者应有专人看护，观察其呼吸、脉搏、血压、神志的变化，并注意保暖，维持正常体温，防止窒息。

二、嗜酒对海乘人员的生理和心理危害

由于长期反复饮酒所引起的特殊心理状态，表现为对酒的渴求和经常需要饮酒的强迫性体验称之为嗜酒，又称为酒依赖。嗜酒不但会引起酒精性肝病、肝硬化，同时还会引起比较严重的精神问题。其主要表现在如果停止饮酒常常出现戒断症状，如自主神经紊乱（多汗、心悸、恶心、呕吐等）、震颤、抽搐、共济失调、发声不清楚以及饮食、睡眠和性功能障碍等躯体症状，情绪波动、焦虑不安、恐惧、抑郁或幻觉、妄想、意识模糊等精神症状，恢复饮酒后这些症状迅速消失。饮酒已经成为了患者一切活动的中心，耐受量不断增加，常有固定的饮酒模式（定时饮酒或随时饮酒）。嗜酒者长期酗酒，自尊心、自信心、责任心下降，健康受损，人格出现偏差，损害了个体的社会功能和家庭功能，由于嗜酒者的内心长期处于紧张、焦虑、恐惧的状态，常常导致与领导、同事、亲朋关系紧张。如果不及时进行心理治疗易导致严重的社会问题。

三、对嗜酒者的应对之策

（1）缓慢撤除酒精对患者的影响，即不能骤然中断饮酒，在一段时间内采取递减法逐渐减少饮酒频率和单次饮酒量，直至完全撤除。

（2）采取支持性药物治疗和心理治疗同时进行的方法，双管齐下可以取得较好的治疗效果。

（3）加强意志和毅力的锻炼，丰富海上文化生活，鼓励患者积极参加社会、文体活动，转移其对酒精的注意力。

（4）加强对患者本人和其家庭的健康宣传教育，积极宣传酒精对人体的危害，严禁未成年人饮酒，提倡不饮酒或适度饮酒。

第五节　对邮轮上传染病人的心理调适和应对

邮轮在航行过程中往往搭载着来自世界各地的游客。作为一个相对封闭的环境，一旦在游轮上发现传染病患者，如果海乘人员不了解传染病的传播途径，就会在与传染病人接触时不知道如何能有效地保护自己，常常会缩手缩脚，远离病人，担心自己被传染，产生焦虑、恐慌的心理。同时这种心理状态也会影响到病人，使其产生悲观、焦虑甚至愤怒的心理，也会使同船的其他乘客产生群体性焦虑、恐慌。

一、面对传染疾病，海乘人员的心理调适

作为海乘人员首先要认识到，虽然人类的历史总是伴随着疫病的阴影，比如公元前5世纪瘟疫的流行导致了古希腊文明中心雅典的衰落，中世纪黑死病的流行造成欧洲人口减少了1/3，但是人类在疾病面前并不是无能为力的，大量抗生素和疫苗的使用使众多致命的传染病（白喉、鼠疫、天花、伤寒和霍乱）得到了有效的治疗和控制。海乘人员在工作中只有掌握了传染病防治的基本知识，才能在发现邮轮上有传染病人时不仅能有效地克服内心的恐惧，而且能有效地保护船上的健康人群不受传染。

二、海乘人员对邮轮传染病人的应对建议

防止传染病的扩散和传播是船上发现传染病病人后的首要工作，不但要立即对病人实行隔离治疗，而且要采取以下措施。

（1）呼吸道传染病：患流行性感冒、肺结核、非典型性肺炎的病人严禁随地吐痰及与他人长时间交谈，因为呼吸道疾病是通过咳嗽、痰液、飞沫等传播细菌或病毒的。非典型性肺炎、播散型肺结核病人应尽快安排离开邮轮，禁止参加船上的集体活动。

（2）消化道传染病：发现传染性肝炎、霍乱、伤寒、菌痢等疾病时，要将患者单独安排房间居住，与健康人群隔离开，食品和用具也要分开，对患者的排泄物、用具和衣物等进行消毒，并且要对全船进行喷洒消毒。

（3）其他传染病：如流行性结膜炎、乙型脑炎和疟疾等，除应使患者与健康人隔离开以外，更需要全船喷洒消毒。

（4）发现有传染病病人时，应立即向有关部门报告，并及时对病人进行积极治疗，对急性传染病患者要设法用最快的途径转送医院抢救。

（5）凡与传染病接触者都必须戴口罩、穿隔离衣，船上没有隔离衣时可临时穿固定的工作服；凡与急性传染病（如霍乱等）病人接触过的人的衣物和用具等，都必须进行彻底消毒，尤其与病人接触过的手要进行消毒，并且必须对接触者进行严密的隔离观察，以防止疾病传染、蔓延。

第六节　急　　救

邮轮在海上航行时经常远离陆地或码头，一旦在邮轮上发生人身伤害事故或者某些突发

疾病，往往容易引起群体性恐慌和焦虑。海乘人员具备一定的急救知识，并能采取快速正确的急救措施以维持患者的基本生命活动，直至交由专业医务人员来处理，这将不仅能大大提高救治成功率，而且能为稳定游轮上人员的情绪起到关键作用。

一、急救的概述

急救前首先观察急救现场是否安全，不能使自己成为新的受害者。紧急呼救并优先抢救有呼吸心跳停止、大出血情况的人及昏迷者。迅速将伤病员移出危险区，当患者身处不能进入的封闭场所时，应立即请专业人员打开封闭的场所，进入时应戴上呼吸器并尽快将患者转移到安全地区。

基本急救的目的是：①挽救和延续伤病员的生命；②改善病情，减少患者的痛苦；③防止病情恶化，预防后遗症和并发症的发生。

基本急救的原则是：①恢复呼吸和心跳；②控制出血；③预防休克；④去除中毒物质；⑤阻止引起危害因素的进一步作用。

急救时必须动作迅速，措施准确，所以，必须贯彻以下几点：①迅速弄清情况，判断病员病情的轻重，分轻重缓急，先抢救紧急的和有危险的病人；②稳定伤病员的情绪，鼓励、安慰伤病患者，帮助其树立必胜的信心；③对呼吸、心跳停止的伤病员要立即实施人工呼吸及心脏按压；④对有出血的伤病员，要立即止血；⑤开放性外伤、骨折伤员要先止血、清创，再包扎固定；⑥对于原因不明的疼痛，特别是急腹症时不要用强力的镇痛药以免耽误病情；⑦对意识不清或者疑有内伤者，不要给食物和饮料；⑧对中毒或出现休克者，要迅速给予抢救。

邮轮远离海岸，医疗条件差，有时伤病员的病情可能非常严重，虽然经船上人员处理，仍然不能脱离危险，此时需要通过无线电设备得到陆地专业医务人员在抢救、护理等方面的正确医疗指导。必要时可以通过直升机转运伤病员。

二、生命体征的判定方法

如何对伤病员病情的轻重程度做出正确的判断是对其实施正确的治疗措施的先决条件，因此我们需要掌握基本的生命体征的判定方法。

（一）体温

人体体温保持恒定是进行新陈代谢和正常生命活动的必要条件。测量体温通常用体温表，其特点是当表内水银柱升高后不能自动下降，离体时仍能停留在原刻度上，使用方便。用体温计测量体温有三种方式：口测法、腋测法和肛测法。目前临床上应用最广泛的是腋测法，即将腋窝汗液擦干后把体温表放在腋窝深处，用上臂将体温表夹紧，测量10分钟，正常值为 $36 \sim 37℃$。当体温在 $37.3 \sim 38℃$ 称为低热，当体温在 $38.1 \sim 39℃$ 称为中度发热，当体温在 $39.1 \sim 41℃$ 称为高热，当体温在 $41℃$ 以上称为超高热。

（二）脉搏

正常情况下，由于心脏的跳动使全身各处血管壁有节律的搏动，这种搏动称为脉搏。正常人脉搏次数与心跳次数一致，而且节律均匀、间隔相等，每分钟 60～100 次，当发热时脉搏也会增快，体温每升高 1℃脉搏每分钟增加 10～20 次。测定方法：一般取病人桡动脉，将食指、中指、无名指并拢平放于选定的位置上，检查压力大小以能清楚感到波动为宜。

（三）血压

血压是流动着的血液对血管产生的侧压力。压力来源于左心室收缩产生的推动力及血管系统对血流的阻力。心脏收缩时，动脉血压达到最高值称之为收缩压；心脏舒张时，血压降低，在舒张末期血压降至最低值，称之为舒张压。正常血压值一般以测肱动脉为标准。正常成人安静状态下的血压的收缩范围为收缩压 90～140mmHg（12～18.6kPa），舒张压 60～90mmHg（8～12kPa）。

两者之差称为脉压。脉压 30～40mmHg（4～5.3kPa）。测量血压是判断心功能与外周血管阻力的最好方法。

血压的测量方法：一般测右上臂，血压计最好与心脏同高，打开血压计将袖带内的气体排除，平整地缠在右上臂的中 1/3 处，下缘距肘窝 20～30mm，松紧适度，把听诊器放在肘窝动脉搏动处，然后向袖带内打气，等动脉搏动消失，再将水银柱升高 20～30mmHg，缓缓地放出袖带内的气体，当听到第一声动脉搏动声时，水银柱上所显示的压力即为收缩压，之后水银柱渐渐下降至声音消失或音调节律突然减弱时所显示的压力为舒张压。通常连测 2～3 次，取其最低值。

（四）呼吸

呼吸是人体内外环境之间进行气体交换的必须过程，人体通过呼吸而吸入氧气、呼出二氧化碳，从而维持人体正常的生理功能。正常人呼吸运动均匀而有节律，成人每分钟 16～20 次。

（五）瞳孔

在散射的自然光下仔细观察瞳孔形状和大小，正常瞳孔特点为正圆形，直径 3～4mm，两侧瞳孔等大等圆，边缘整齐，对光反射灵敏。

（六）意识及意识障碍

意识是机体对自身及周围环境的感知和理解能力，是中枢神经系统对内外环境刺激做出有意义的应答反应的能力，通过语言、行动、情感、躯体运动等表达出来。这种感知或应答能力的减弱或消退，即为不同程度的意识障碍。

意识障碍是人对环境和自身的识别和觉察能力出现障碍，包括意识水平（觉醒或清醒）的受损；以及意识水平正常而意识内容（认知功能）改变，如嗜睡、昏睡、昏迷以及意识模糊等。严重的意识障碍可导致生命体征发生明显变化。

三、基本的生命支持——心肺复苏（CPR）

基本生命支持（BLS）是一个紧急生命急救过程，用有效的手段解决呼吸道梗阻、呼吸抑制和循环或心脏抑制。在心跳、呼吸停止时采取的急救措施称为心肺复苏术，主要措施包括：胸外心脏按压、开通气道和人工呼吸，简称为 CAB（Circulation，Airway，Breathing）。对于各种原因引起的呼吸心跳骤停若不能尽快、正确地实施心肺复苏术，病人将很快死亡。

启动心肺复苏术的正确程序如下。

（1）评估现场，确保施救现场安全时方可就地对病人施救。施救者双膝跪地，一条腿膝盖对准病人肩头，另一条对准病人肚脐，两腿分开。

（2）轻轻拍打病人的双肩，大声的呼喊；"喂，醒醒，你怎么了？"必要时按压病人的人中检查。如果病人无反应、无痛感往往表示心搏骤停。

（3）大声呼救，使附近其他人前来协助抢救，或拨打急救电话，在邮轮上应及时通知驾驶台及船长寻求帮助。

（4）帮助病人仰面平躺在坚实的地面上，头部不能高于胸部，这样有利于头部血液的回流。后背不要置于沙发、席梦思等软的物体上面，这样会导致按压的力不能直接作用在心脏上，从而影响按压的效果。病人躺在软床上，应将其移至地面或在其背部垫上与床同宽的硬板。

（5）松解病人的衣领和皮带，女性应同时解开胸衣，老人还应该检查是否在口腔内装有假牙，如果装有假牙应一并取出，以防在实施胸外按压术时脱落阻塞呼吸道，引起窒息。

（6）施救者迅速俯身侧耳，将其头部贴近病人的口鼻部，用一看二听三感觉的方法，即一看病人的胸廓有没有起伏，二听病人的口鼻有没有呼吸的声音，三施救者的面部能不能感觉到病人呼吸的气流。同时施救者右手的食指中指并拢沿病人下颌骨滑至喉结处向内旁开1～2厘米触摸病人的颈动脉有无搏动。值得注意的是心跳、呼吸停止的病人既感觉不到呼吸，又测不到心跳，因此不宜反复检查，以免延误了抢救的时机。

（7）如果施救者测不到病人的颈动脉搏动，这就意味着病人的心跳已经停止。此时应暴露胸部，快速有力地进行胸外心脏按压。着力点应定位在病人两乳头连线与胸骨柄交界点即胸骨中下 1/3 处。抢救者用靠病人腿部一侧手（即抢救者位于病人右侧用右手，位于左侧用左手）的中指和食指顺肋缘向上滑动到剑突下，这时食指和中指与胸骨长轴垂直，食指上方胸骨的正中区即为按压区，由此确定按压时左手掌根的位置。双手掌根重叠，左手在下，两手贴合，手指交扣上翘，手掌根部横轴与胸骨长轴确保方向一致。双肩前倾在患者胸部正上方，腰挺直，两臂伸直，以髋关节为支点，用整个上半身的重量垂直下压。使胸骨下陷≥5厘米，随后放松。按压和放松的时间大致相等，放松时双手不要离开胸壁，连续 30 次。按压时最好数双数，如 02，04，06，……，按压频率至少 30 次/分钟。按压者同时双眼注视病人脸色情况。

（8）开放气道。将一只手的小鱼际压住病人的前额，另一只手的食指、中指放在病人下颌中点偏内 1～2 厘米处使下颌骨上抬与地面成 90°直角，这样可使其舌根拉起，气道开放并保持此状态直至抢救结束。

（9）如果病人通过"一看二听三感觉"的方法测不到呼吸，可以判断此时病人呼吸也已停止。施救者应该对病人实施人工呼吸。口对口人工呼吸法是最简单最有效的人工呼吸方法，但在抢救吞服剧毒物患者时不适用此法。保持病人气道开放（开放气道要迅速完成，而且在心肺复苏全过程中，自始至终保持气道通畅），开放气道后要立即给予人工呼吸 2 次。抢救者用置于病人前额的拇指与食指捏住患者鼻孔，另一手食指与中指抬起下颌使头部后仰以打开气道。张口罩紧病人口唇连续缓慢吹气 2 口，每次约 2 秒，吹气量为 400～600 毫升。吹气时头转向前，用眼角注视病人的胸廓，以看到病人的胸廓膨起为有效。吹气后松开鼻孔待病人呼气，同时抢救者注视病人的胸廓，并吸气，准备下一次吹气。待胸廓下降后吹第二口气。频率为每分钟 10～12 次。有条件的邮轮上如果配置了简易呼吸器，也可使用简易呼吸器，方法是：操作者一手拇指、食指作 C 形状压紧呼吸面罩于病人口鼻处，另三指拉抬其下颌骨使病人处于气道开放状态。

（10）心肺复苏的协调：无论一人还是两人进行心肺复苏时，均应每 30 次胸外按压后给予 2 次吹气，按压和通气的比例保持为 30∶2。

（11）伤病员经抢救后恢复了自主呼吸和心跳但仍处于昏迷状态时，应将患者放置侧卧体位。或头偏向一侧，穿好衣服盖上被毯注意保暖。

（12）抢救要尽快开始；动作要规范；心肺复苏术要持续进行，不能轻易放弃。目前国际上通用的心肺复苏术的一个周期为 5 个循环（约 2 分钟），每个循环包括胸外心脏按压 30 次和 2 次人工呼吸。一个周期后可停下来判断病人是否恢复自主呼吸和心跳，若没有恢复则继续进行抢救。进行复苏效果判断要求迅速，时间 5～10 秒。

（13）心肺复苏有效的指征：昏迷程度变浅，出现各种反射；出现无意识挣扎动作、呻吟等；自主呼吸逐渐恢复；触摸到规律的颈动脉搏动；面色转红润；双侧瞳孔缩小，对光反射恢复。

（14）终止心肺复苏的条件：自主呼吸和心跳已有效恢复或有其他专业人员接替抢救；开始进行 CPR 前，能确定心跳停止 15 分钟以上者；进行标准的基础生命支持和高级生命支持，心脏持续无反应达 30 分钟以上或进行基础生命支持抢救无效者；救护者因疲惫、周围环境危险、持续复苏可造成其他人员危险而不得不终止。

本章小结

本章从晕动症、噪声、中暑、急性酒精中毒与嗜酒危害、对邮轮上传染病人的心理调适和应对、急救六个部分分析了海乘作业环境对海乘人员心理的影响。提出海乘在面对这些特殊情况时，应提前预防，及时采取应对措施和心理调适。

思考题

1. 如何治疗晕动症？你知道的预防晕动症的对策有哪些？
2. 什么是噪声？噪声会引起海乘人员哪些身心不适？
3. 海乘人员为何容易中暑？如何急救中暑病人？
4. 急性酒精中毒有哪些临床表现？对嗜酒者可以采取哪些心理干预措施？
5. 如何防止船上传染病的扩散和传播？
6. 胸外心脏按压的方法是什么？最简单最有效的人工呼吸方法是哪一种？试述具体的操作步骤。心肺复苏术成功后病人会有哪些表现？

第三章

职业特点对海乘心理的影响 <<<<<<<<

 **本章导读**

　　一棵苹果树，终于结果了。

　　第一年，它结了 10 个苹果，9 个被拿走，自己得到 1 个。对此，苹果树愤愤不平，于是自断经脉，拒绝成长。第二年，它结了 5 个苹果，4 个被拿走，自己得到 1 个。"哈哈，去年我得到了 10%，今年得到 20%！翻了一番。"这棵苹果树心理平衡了。但是，它还可以这样：继续成长。譬如，第二年，它结了 100 个果子，被拿走 90 个，自己得到 10 个。很可能，它被拿走 99 个，自己得到 1 个。但没关系，它还可以继续成长，第三年结 1 000 个果子……

　　其实，得到多少果子不是最重要的。最重要的是，苹果树在成长！等苹果树长成参天大树的时候，那些曾阻碍它成长的力量都会微弱到可以忽略。真的，不要太在乎果子，成长是最重要的。

学习目标

　　目标一：了解不同类型的海乘职业；

　　目标二：了解不同工作岗位及其对心理的影响；

　　目标三：了解不同邮轮航线及其对心理产生影响的原因。

第一节　不同类型的海乘职业带来的心理影响

一、海乘的主要职业类型

完美的邮轮服务是吸引忠实顾客的首要因素。邮轮服务与声誉、硬件设施、价格等相关联，尤其是与海乘人员的服务质量密切相关。为了能够给游客提供更为优质的服务，海乘与游客生活在同一艘邮轮上朝夕相处，海乘的服务对游客的度假时光意义非凡。邮轮上的海乘人员从事的职业类型是多种多样的，主要分为以下几种。

（一）邮轮餐饮服务业

邮轮要为乘客提供食物，因为游客需要经常在船上进餐，这必然涉及餐饮服务员这一职业，这也是海乘的主要职业类型之一。由于游客来自不同的国家，邮轮上汇聚了世界各国的美味佳肴，来满足不同游客对美食的各种需求。例如，有的邮轮餐厅要求 24 小时开放，有些邮轮游客一日吃 7～10 餐等。因此邮轮餐饮服务工作任务十分繁重，不仅要求照顾好游客对食物的生理需求，还要满足游客进餐时的心理需要。

（二）邮轮客房服务业

客房是邮轮上最基本的设施和重要的组成部分，也是邮轮乘客休息的必要场所。一艘十几层的大型邮轮有 6 层以上是客房，包括 2000 多个房间，而且房型也有所不同。客房服务员一方面需要做好房型核对、客房清扫、客房整理、客房保养等基本工作，另一方面要满足游客求安全、求卫生、求尊重、求舒适和求方便的心理需求。

 扩展阅读

邮轮客舱类型

邮轮客舱通常分为内舱房、海景房、豪华海景套房三类，内舱房是最为便宜的舱位。其实，乘坐同一艘邮轮，船票的差额也就体现在仓位上，其他娱乐、餐饮等配套设施是完全一样的，很少有邮轮会对乘客区分等级对待。所以，对乘客来说，内舱房其实是不错的选择。近年来，不少邮轮公司的设计多倾向于"重娱乐"的逻辑：大多数人坐邮轮就是为了玩，客舱"仅仅是一个睡觉的地方"。于是即便是豪华邮轮也会压缩客舱的空间，腾出更多区域用于娱乐。而多数乘客确实也不会总在客舱内睡觉，要看海景大可去甲板上、图书馆、音乐厅等公共区域。乘客只要玩得好，也不太会计较 10 平方米左右的内舱房。甚至有些喜欢晚睡的游客专挑内舱房，因为早晨海上的光线不会影响其休息。

（三）邮轮康乐服务业

康乐，顾名思义是健康娱乐的意思，也就是满足人们健康娱乐的一系列活动的总称。现代康乐是人类物质文明和精神文明高度发展的结果，也是人们文化生活水平提高的必然要求。邮轮上的康乐服务包括身体锻炼活动、休闲活动、娱乐活动、文艺活动、美容等。康乐涉及广泛的知识领域，如体育、卫生、健美、审美、时装等。随着人们生活水平的提高，人们对于邮轮的认知度越来越高，消费也就越来越多样化。邮轮从交通工具、移动酒店演变成为一个综合性的旅游目的地。

康乐服务业的工作类别多种多样，要求服务人员熟练地操作和使用各种设备设施，管理、整理各项设施。同时，邮轮游客在邮轮上需要通过一定的方式调节身心，以重新恢复身体的平衡，参与邮轮上的康乐活动是一种很好的选择。游客对邮轮康乐服务也有不同的心理

需求，如保健心理需求、爱美心理需求以及追逐时尚的心理需求等，这些都是邮轮康乐服务人员在工作中需要考虑到的。

（四）邮轮购物服务业

购物是邮轮游客重要的旅游动机之一。邮轮游客不仅希望欣赏美丽的风景，体验豪华的邮轮设施，感受独一无二的服务，而且希望能够在邮轮上买到免税的商品，也包括一些旅游纪念品。制作精美、质量上乘的旅游商品，对邮轮游客有着很强的吸引力。如果邮轮游客能够买到好的商品，既可以丰富他们邮轮旅游活动的内容，也可以让亲朋好友分享快乐，还可以引发其对邮轮旅游的美好回忆和向往。

（五）岸上服务业

在邮轮出发前或航行期间都可以向游客销售岸上项目。岸上观光会带来收益，但策划岸上观光也是为了增加邮轮体验的价值。由于时间有限，岸上观光或滨海旅游的设计原则是使游客体验最大化。同时，岸上交通方式的选择范围很广，但主要取决于停靠港的情况，包括快艇、汽车、自行车、马车或直升机。

（六）邮轮游客投诉业

邮轮游客投诉是指邮轮游客主观上认为由于邮轮服务人员工作上的差错，他们的利益受到了损害，而向有关管理人员或部门反映或要求给予处理。邮轮游客的投诉是搞好邮轮旅游工作、弥补工作中的漏洞、提高管理和服务水平的一个重要促进因素。

邮轮游客投诉原因多种多样，既可能是邮轮服务人员工作中确实出现了问题，也可能是邮轮游客的误解。然而，通过解决投诉，既可以消除邮轮游客的不良印象和情绪，为邮轮挽回声誉和信誉，留住客人，还可以赢得更好的口碑。

二、不同的海乘职业类型带来的心理影响

不同类型的职业给工作者带来不同的心理影响，但是，海乘从事的职业类型都有服务的共性，其心理影响上有其共通的方面。例如，长期在海上生活离开亲人带来的孤独感、工作任务繁重带来疲倦感等。

（一）失落

相较于客房服务业，其他几个职业都是需要直接、频繁地接触游客。同时，这几个职业需要制造一种愉快、温馨的氛围。然而，在给他人带来欢乐的同时，海乘有时面临一种有苦说不出的状态。看着游客结伴而行，想到自己孤身一人，心中多少有些失落。

（二）人际关系紧张

相较于其他几个职业，邮轮购物服务业的内部竞争更大些，且管理层多以物质来衡量业务水平，因此，这个行业更偏向于竞争性，人际关系也相对紧张。

第二节　不同工作岗位类型及特点

一、邮轮的主要岗位类型及特点

邮轮的空间较大且绝大多数的豪华邮轮集住宿、餐饮、休闲、娱乐、文化、旅游为一体，这就需要雇佣大量员工以保证邮轮上各个部门的正常运转并及时满足邮轮游客的不同需要。因此，海乘服务的范围和岗位也颇多。

（一）餐饮服务生

由于邮轮游客来自不同的地方，邮轮餐饮与一般餐饮也有很大的不同。邮轮上汇聚了不同风味的美味佳肴，以此来满足各方游客对美食的需求。餐饮服务生可根据不同的服务地点细分为主餐厅服务生、自助餐服务生、吧台服务生等。

餐饮服务生是邮轮餐饮服务工作的主体，也是邮轮餐饮服务过程中最活跃、最具魅力的因素。餐饮服务贯穿游客整个邮轮生活，每一个游客对食物的色、香、味都有自己的要求，对餐饮的等待时间和服务质量也有自己的判断。因此，餐饮服务生的服务要求"快"，即动作快以减少邮轮游客的等待时间；"准"，即准确理解游客的意思；"热情"，即微笑友善地服务每一位客人。

（二）客房服务员

客房服务员主要的工作内容有整理房间、核对房型、清洁等。相对于餐厅服务生，客房服务员与游客正面接触的机会比较少，因此发生正面冲突的情况较少，但其工作重复单调。

（三）康乐部服务员

康乐活动类型多样，相应的服务也各有不同。有些邮轮可能设有赌场，因而有相应的岗位；有些邮轮设有健身房，因此也会有健身教练这样的岗位；有些邮轮有 SPA 馆，相应的设立有美容师、美甲师、按摩师等岗位。这里所说到的康乐部服务员仅涉及一般服务人员。对于邮轮来说，康乐项目是高星级邮轮的标志，也是吸引客源的一个重要方面。

由于康乐项目在邮轮营业中所占份额较大，邮轮公司对康乐部服务员设定的标准也相对较高。一般来说需要他们掌握一定的工作技巧：（1）迎领技巧，即客人进入康乐场所后，迎宾员应主动上前招呼，表示欢迎。对于常来的客人，服务人员最好能叫出客人的名字；（2）酒水推销技巧，即客人在一定的娱乐文化环境中，对饮品也有相应的要求，这时要求服务人员具有一定的酒水知识，掌握酒水的特征，针对不同身份、习俗的客人推销适合其口味的饮品；（3）处理突发事件的技巧，即在人群相对密集的区域，如若发生意外，服务人员要对可能出现的状况，例如停电、失火、拥堵、踩踏等，做好充分的心理准备，及时根据原定的应急方案进行指挥、疏导。

（四）邮轮导购

邮轮上的商店是很受游客，尤其是女性游客欢迎的地方。邮轮上的商店通常位于邮轮的中心区域，这是模拟城市的购物超市设计的。有些大型邮轮会划分不同的购物区域，让游客可以尽情享受疯狂购物的乐趣。

购物是邮轮旅游的一个重要环节，面对不同的游客，邮轮导购不仅要对商品的性能、适合人群、价位了如指掌，而且要掌握一定的技巧：（1）善于观察邮轮游客的心理变化。同一层次的群体购物心理虽然有一定的相似性，但针对每一个邮轮游客而言，他们的消费心理和行为又存在差异，毕竟存在国籍、年龄、性别、教育经历、社会地位、宗教信仰等多方面的不同。因此，作为邮轮导购需要善于观察邮轮游客的心理变化，灵活机动地做好服务工作。（2）善于运用促销的语言艺术。在促销的过程中，邮轮导购占有非常重要的位置。邮轮导购通过言语与购物者进行信息和情感交流，若能使用恰当亲切的语言则易让邮轮游客备感温馨。在某些时候，适当地运用肢体动作、语音、语调亦能增强游客的消费欲望。

（五）岸上导游

岸上观光是打发岸上时光的最好选择，而且登岸游览也是连接邮轮目的地之间的一个重要桥梁。对于很多游客来说，这种旅游持续提供一种安全且无质量问题的度假模式。邮轮游客虽然来自不同文化背景，但是对于这种旅游体验还是有较高的期望。岸上导游便是这项工作的具体实施者。

岸上导游服务的对象来自全球各地和社会的各个阶层，他们所受教育的水平不尽相同，兴趣爱好和心理期待也存在差异。因此，在参加邮轮旅游活动的过程中，邮轮游客会就停靠港口岸上景点景区的风光、风土人情等向邮轮岸上导游提出多种多样的问题，故而岸上导游必须具备足够的知识储备，做到有问必答、言之有物。同时，良好的言语表达能力、感知力和观察力、组织能力以及处理意外事件的能力都是岸上导游必备的能力品质。

 案例分享

晴天和雨天

一名导游经常带着一些邮轮游客到杭州西湖进行游览，如果是晴天，他就说："今天风和日丽，正是出游的好天气。"如果遇到下雨，他就会用苏轼的诗句"水光潋滟晴方好，山色空蒙雨亦奇"来形容西湖的另一番动人景致，并对客人讲一些苏轼的故事，很受国外客人的欢迎。

（六）投诉部服务员

随着竞争的加剧，邮轮公司之间的竞争已经从硬件转向服务和质量的竞争。邮轮投诉是由于邮轮游客实际获得的服务无法满足其所付出的费用，即服务实际值与期望值出现偏差而采取的寻求服务补偿的行动。投诉部服务员则是为了解决这些人的投诉，对于邮轮的经营管理具有十分重要的作用。

投诉部服务员多半时间面对邮轮游客的投诉，由于这些游客本就不悦，投诉部服务员应

该做的是要了解游客的投诉心理，并对其进行深入的分析。处理邮轮游客投诉的基本出发点是：迅速、有效、有礼地处理游客的所有投诉，平息游客的激动情绪，迅速解决问题。因此，要求投诉部服务员训练有素。

（七）清洁工

清洁工，负责清洁地面、船体等公共区域的工作。清洁工的工作复杂且单一，与他人接触较少。

 扩展阅读

邮轮小知识

时下出门旅游变成越来越热门的休闲方式之一，尝遍自驾、火车、飞机等旅游方式后，是不是想要重新体验一种新的不同于以往的旅游方式？看看邮轮吧，这一颇受欧美游客欢迎的旅游方式，现在越来越受更多中国游客的喜爱。

一张邮轮船票包含了住宿、港口间交通、美食、娱乐活动和设施，以及相关服务。当您踏入邮轮的那一刻，几乎一切费用都已经预付了，剩下的只要放松您的身心就好。

日出与日落，海滩与城市，游客可以穿梭在繁华之中，也可以沉浸在宁静之中，这是属于游客的时间和地点，属于游客的浪漫与温情。在船上游客可以在个人房间内的阳台用餐，享受私家的美丽海景，船上有专为情侣而设的 SPA 服务，为新婚人士准备的别样礼品，还有更多的浪漫体验等待发掘。

不同的配料食材和精湛的厨艺烹饪出来的佳肴美食挑逗你的味蕾，游客可以选择西餐及糕点或者健康的 SPA 菜式。游客也可以根据自己的品味要求厨师制作适合自己的食物。

船上有来自不同国家的游客，多姿多彩的文化碰撞、充满趣味的语言交流令你的旅途别样精彩，还有几百个沿岸港口、难以置信的不同景点以及精彩活动供游客选择，一定会有能让游客称心如意的完美邮轮旅程。邮轮航行前后会有很多传统的陆上景点可供游览。

游客可以选择岸上观光、运动健美课程，或在泳池边享受日光浴，夜晚欣赏大型的歌舞表演、在康乐部放松，或者在星空下听着海浪声享受美丽夜色。

二、不同岗位带来的心理影响

一般来讲，海乘工作竞争激烈，不同工作岗位受到的重视程度不同，收入也相差较大。客房服务员，尤其是 PA 服务员，压力大，工作强度大，晋升途径相对局限，收入和受重视程度相对要低，心理状态往往不易调节。而餐厅、酒吧服务员则较受重视、收入也较高，心理容易得到补偿。由于海乘岗位较多，所带来的心理影响也不尽相同，以下就主要的几种岗位类型进行详细的分析。

（一）餐饮服务生

1. 消极情绪

由于岗位职责，餐饮服务生都要与客人频繁接触，而不同的客人所带来的问题和情境是不同的，例如有的客人性子急，有的客人性子慢；有的客人喜辣，有的客人喜甜；有的客人

挑剔，有的客人温和，一旦问题没有得到良好的解决，给双方都会带来影响。如一个性子急的客人点餐后，若没有及时上菜则客人容易恼怒，而这种不良的情绪很可能最终会发泄到餐厅服务员的身上。服务员若不能很好地处理这种情况则容易给服务员带来一定的负面影响。当类似情况多次累积发生后，会严重影响到餐饮服务员的心理健康状况，带来抑郁、烦躁的情绪体验。同时，餐饮服务生的饮食也不规律，一般情况下，在正常吃饭的时候不能按时吃饭，而需要在客人用餐完毕后或用餐开始前吃饭，导致一些服务员饿着肚子进行工作，这样也会带来不快、厌烦的情绪体验。

性别差异对工作情绪存在的影响

性别差异对工作情绪存在影响，在餐饮服务员这个群体中同样存在。女服务员在自然表现得分上显著高于男服务员，原因在于：①社会期待中，女性通常被期待为从事服务类的工作比较合适，女性从事餐饮服务员也是被社会认可和接受的。而相对而言，男性从事餐饮服务员的工作不被社会认可，社会对男性的期待更高。故在此背景下，女性更容易流露出对工作的适应和认可，对工作的认同感较高，故其在工作中能够自然地流露，自然地对待顾客，享受在工作中的表现；男性可能会认为这个工作只是暂时的，不应该安于现状，受此影响，男服务员在工作中的自然表现不如女服务员多。②女性和男性在管理情绪上存在着动机差异，有研究表明，男性更加注重自己的控制力和权利的表达，女性的情绪表达是为了有更和谐的人际关系。女性服务员在工作中热情地迎接顾客，面对顾客的要求都能够耐心的解决，女性服务员所做的都是为了满足顾客的需求，让顾客满意，男性服务员可能会将顾客的要求认为是挑衅，为了避免争端，服从安排，男性服务员只能忍让并压抑自己的真实情绪。

2. 缺乏自我认同

自信心是相信自己有能力实现目标的心理倾向，它是一种健康的心理状态。目前，社会上普遍认为，服务员是一个吃青春饭的职业、服务员是"伺候人的活"、服务员的社会地位低等，这些观念或多或少影响着服务员对从事这份工作的认知。因而，有部分餐饮服务生虽从事这份工作但对其从事职业的社会地位不认同。研究表明，大部分服务员都认为自己地位低下，且自己的工作不受重视，得不到家人和朋友的支持。若形成了这样的认知且没有改变，在日后的工作中，这种心理暗示会让他们产生自卑心理，缺乏自我认同感。

（二）客房服务员

相较于其他的岗位，客房服务员与客人直接接触的概率较小，但客房服务是一项体力劳动和脑力劳动高度结合的服务性工作，因此，会给客房服务员带来以下心理影响。

1. 倦怠

客房服务员的工作不仅仅是铺床，其首要任务是清理客房。一般来说，两个人一起打扫房间更适宜。一人负责打扫卫生间，主要清理玻璃、马桶和补毛巾与易耗品。另外一个则负责房间里面除卫生间以外的地方，主要包括铺床、扫地、抹尘、补物品以及拖地。但由于人手不足，多半邮轮公司采用一人打扫一间房的方式。同时，邮轮客房众多，且房型不尽相同。因此，客房服务员的工作具有持续性、反复性的特点。而与此同时，在邮轮上，客房是客人的第二个家，客人对客房也相应的有所期待，希望能够住得舒适、干净、整洁、方便，因此，客房服务员会被严格要求以免遭受投诉或造成不良影响。这些因素容易导致客房服务员对工作产生职业倦怠感，从而降低服务质量。

2. 压抑

"让所有客人满意"是邮轮一直都在追求的理想目标，邮轮通过有效的管理使每位客房服务员都能在自己的岗位上尽心尽力地为客人提供优质服务，要求在对客服务中，尽量满足客人所提的要求，当有客房服务员不能解决问题时，也会被要求不能说"不"字，要以客人为中心，及时与其他有关部门取得联系。因此，即使客人的要求不合理，即使客人在任何时间提出要求，客房服务员都应快速反应，适时解决。这样的情况如此反复，让客房服务员觉得"顾客就是上帝"而自己却不能在任何时候表现出自己的不悦、烦躁、郁闷，故而会让客房服务员感到异常压抑。

（三）康乐部服务员

1. 疲倦

康乐部服务员需要给游客提供无微不至的服务，在工作中要时刻展露笑容，让客人有种被欢迎、被尊重的感觉。但是康乐部服务员很多时候都会加班，而且工作时间较长。因此，康乐部服务员不仅在生理上感到疲倦，在心理上也会感到疲倦。

2. 人际焦虑

康乐部服务员是一个需要频繁跟游客接触的岗位。若康乐部服务员本身害羞，在给游客介绍康乐项目、提供服务的时候可能会产生一定的人际焦虑。

（四）邮轮导购

对于邮轮导购的管理，更多的是重物质奖励、轻情绪管理，因此会导致邮轮导购归属感下降。导购人员长期在这种制度的管理和熏陶下也只以"物质观"来衡量各项管理制度。因此，导购人员的团体意识薄弱，个人主义色彩严重，由此此岗位会带来如下的心理影响。

1. 自私

其行为是自私的、具有一定的隐蔽性，喜欢唱高调、故作姿态，明明损人利己却说是替他人着想，这类导购人员总会想尽办法掩饰自己，推卸责任。

2. 攀比

导购员的收入与导购员的销售情况有很大的关系。部分导购员盲目攀比，脱离实际。这类导购员最直接的表现是喜欢将自己的收入与他人对比，总认为自己收入和付出不成正比，这种心理长期积累使导购员失去工作的激情。

3. 报复

由于工作环境的竞争性强，同事之间的关系更多的倾向于竞争对手。因此，当同事指出对方不足和错误时，其会将矛盾焦点指向批评者，无中生有，恶意中伤贬低批评者，让同事关系更加紧绷。

4. 吝啬

不愿帮助和提携新人成长，缺乏乐于助人的精神；不关心周围的事物，抱着"多一事不如少一事"、"明知不对，少说为佳"、"事不关己高高挂起"的心理。抱着这种心理的导购人员不愿将自己的经验拿出来与人分享，有的甚至排斥新人，无端端在自己和他人之间形成一道冷漠的屏障。

5. 空虚

长期从事导购工作的员工容易将商品意识渗透到与别人的交往中去，难以与他人建立和维持平等而真诚的友谊，从而加重导购员的孤独、空虚感。混日子、无远大的理想，把工作责任推卸给别人，"不求有功，但求无过"，"做一天和尚撞一天钟"。

6. 压抑

回避矛盾，回避困难，但只要矛盾存在就不可避免地使个体不断地体验到不愉快的情感，长久积累造成心理压抑和自我消沉，没有屡败屡战的精神和勇气。忧郁，个人感到自己在团队中的存在价值不大，感到外部压力大，情绪低落。厌倦，对任何事都失去信心，工作效率低，不愿承担社会工作和义务，成就动机下降。敏感、戒备和提防他人，生怕被人抓住把柄，知心朋友越来越少。于是被压抑的情绪有些会被转化为潜意识，如以恶作剧来释放自己，表现自己。

7. 浮躁

对急剧变化的市场环境和人际关系不知如何处理，心里没底；急功近利，在与他人的攀比中显得焦虑不安，好攀比，以显示他的不公待遇；缺乏务实精神，好空谈。

8. 定势错位

如先进与落后的错位，不是以先进为榜样，而是妒忌先进；动机的错位，只对报酬、晋升、条件感兴趣，对工作本身缺乏热诚；态度错位，依赖性强，不善于总结和自我学习，行为痞化。

（五）岸上导游

导游员是旅游接待工作的主体，是整个旅游服务的轴心。导游服务作为旅游产品的一部分向旅游者出售，是旅游服务产品质量高低最敏感的部分。另外导游员的工作直接面对客人，处理人与人之间的关系，所以导游员又面临着更多的压力，这也会对导游员的心理造成一定的影响。

1. 失去信心

社会的进步、信息的爆炸、教育的发展、人才的竞争，对导游员提出了全新的要求，他们既要适应现代人对服务的高要求，还要面对越来越成熟的旅游者。对此许多导游员尤其是新导游员深感力不从心、无所适从，出现了心理焦虑、精神紧张、情绪紊乱、身心疲惫、行为懒散、工作疲劳等问题。因而在导游活动过程中他们变得无趣、无能、无效，当然也就谈不上积极性、主动性、创造性的发挥了，并且容易出现失误。

2. 人际关系紧张

导游员的工作是直接面对人的服务工作，人际关系很重要，但是过重的压力使得导游员在工作中情绪发生很大的变化，遇事容易激动，带团与客人发生争执、因为不顺心的事情向同事发火都会严重影响导游员的人际关系。

3. 不安感与落差感

在当今旅游方面的立法尚不健全的情况下，一方面导游员地位低、待遇低、工作不稳定，另一方面社会上对导游员的认同度很低。但在工作中客人又对他们的工作抱有很高的期待，导致他们处处留神、害怕出错、担心失败甚至怀疑自己的能力，更不能正视自己的失败，强烈的挫折感使他们痛苦、懊恼、不能自拔，甚至情绪恶劣、自暴自弃，失去工作的希望和信心，导致导游员开始否认自己的工作和成绩。

4. 出现不良个人品质

若导游员没有良好的心理素质做基础，就会没有良好的服务意识。导游员的服务意识是经过长期的职业培养而建立起来的，但当导游员面对过多压力的时候没有及时、有效地调整，就可能会出现以自我为中心、自卑、狭隘、悲观等不健康的心理品质。

（六）投诉部服务员

1. 抱怨

邮轮游客在碰到使他们烦恼的事情或被讽刺挖苦之后，心中充满了怒气、怒火，必然要利用投诉去发泄，以寻求心理平衡。心理学研究表明，人在遭到挫折后主要有 3 种心理补救措施，即心理补偿、寻求合理解释而得到安慰和宣泄不愉快的心情。俗话说"水不平则流，人不平则语"，这是正常人寻求心理平衡、保持心理健康的方式。因此，有些客人来投诉的时候怒气冲天、蛮不讲理并将这种心情牵连到投诉部服务员身上，而服务员承受着不源于自身原因的怒气，会感到生气、烦闷。若不能理智、平和地处理客人的问题，相反与游客再起冲突则会激化矛盾，故而投诉部服务员会有一种抱怨的心态，抱怨不是自己的问题却无端被牵连。

2. 冷漠

作为邮轮投诉服务员，当游客提出质疑时，要不时地对邮轮游客表示同情。例如，"我们非常遗憾，非常抱歉听到此事，我们理解您现在的心情""感谢您对邮轮提出的宝贵意见"。然而，长时间处于这样的工作状态，会使投诉部服务员感到厌倦，对于说过多次的话语不再带有感情，而只是例行公事。同时，多次处理类似的事情，虽然提高了投诉部服务员处理事件的成熟度，但是也容易让服务员越发理性，不似以往热情、尽力地处理问题，体现出一种冷漠的心态。冷漠麻木心态长期发展下去很有可能转化为服务员的性格特征。由于对周围一切的人和事物都有漠视的冷淡态度，因而不能深入到团队集体生活中，不能和上司、同事心灵相沟通。跟随冷漠而来的，必将是内心深处的孤寂、凄凉和空虚。

（七）清洁工

1. 孤僻

清洁工的工作强度较大，轮流值班，三班轮换。由于工作比较繁琐又是体力活，在下班各自回房后很快就休息了。只有聚餐的时候大家才能够互相彼此交流，时间也十分有限。久而久之，人际关系十分局限，清洁工的心理更倾向于孤僻。

2. 逃避

清洁工作复杂、反复，管理考核严格。同时，相较于其他岗位，清洁工这个岗位很难获得晋升的机会，或者晋升需要的时间很长，更加大了清洁工的压力。当人们感到压力时，第一反应就是逃避。因此，这个岗位的流动性也相对较大。

三、岗位不良心理的调适

（一）积极调整岗位心态的方法

1. 自我转化法

有些时候，不良情绪是不易控制的。这时，可以采取迂回的办法，把自己的情感和注意力转移到其他的活动中去，若是海乘性格沉稳、内向，可以选择看书、画画等方式；若是海乘性格急躁、外向，可以选择听音乐、倾诉等方式。这样可以帮助海乘转换工作中的不快情绪。

2. 适度宣泄法

因挫折造成焦虑和紧张时，消除不良情绪最简单的方法莫过于宣泄。若人将不良情绪挤压于心底，容易让自身觉得压抑，郁结。但是，宣泄一定要注意场合、身份、气氛，注意适度，应是无破坏性的。一般的宣泄方式有运动、唱歌、跳舞等。

3. 自我慰藉法

自我慰藉法即自我安慰法，是指自我辩解。人不可能事事顺心如意。在工作中遇到困难和挫折，已尽主观努力仍无法改变时，可说服自己适当让步，不必苛求，以求得解脱。

4. 松弛练习法

又叫放松练习，是一种通过练习学会在心理上和躯体上放松的方法。放松训练可以帮助海乘减轻或消除各种不良的身心反应，如焦虑、恐惧、紧张、心理冲突、入睡困难、血压增高、头疼等症状。

5. 理性情绪法

人有理性和非理性两种信念，这些信念指引下的认识方式会左右人的情绪。人的不良情绪来自人的非理性信念，反之亦然。要消除人的不良情绪，就要设法将人的非理性观念转化为理性观念。例如，有的海乘在服务的过程中遇到挫折便怨天尤人，其原因在于他原本认为"我的工作应当是顺利的""我的工作应该会百分百让客人满意""过去我事事顺利，服务工作也应该做得十全十美"等。正是这些观念作怪，才导致或加剧了他的不良情绪。如果将这些想法加以纠正，则不良情绪一定能得到克服。

（二）平衡心态十要诀

每一位海乘在工作中都会面对挫折、打击和种种压力，很容易引起心理不平衡，进而导致心理状况丛生，下面有10条平衡心理的要诀，不妨亲身试试，将会大有裨益。

1. 不对自己过分苛求

有些海乘把奋斗目标定得太高，非能力所及，于是终日郁郁不得志，这无异于自寻烦恼；有些海乘做事要求十全十美，对自己近乎吹毛求疵，往往因小瑕疵而自责，结果受害者还是自己。为了避免挫折感，最好还是明智地把目标和要求定在自己的能力范围之内，懂得欣赏自己的成就，自然就会心情舒畅。

2. 将他人期望放在心上

很多人成为海乘是因为感觉能赚钱养家，也算是完成了父母望子成龙的愿望。假如没有达到自己与家人的期望，则会加重心理压力。其实，每个人都有优缺点，何必非要迎合别人的期待呢？

3. 疏导自己的愤怒情绪

当人们勃然大怒时，很多错事或失态之事也就由此而生。与其事后懊悔，不如事前明智自制。可以把愤怒转移发泄到其他事情上。

4. 偶尔也需要屈服

在服务的过程中，海乘有时也会钻牛角尖。"成大事者处事无不从大处看，无见识的人才会死钻牛角尖"，只要大原则不受影响，在小处妥协退让，既无碍大局也能减少自己的烦恼。

5. 暂时回避

受到挫折或打击时，最好暂时将它放到一边，做自己喜欢的事情，如运动、睡眠、娱乐等。等心境平和后，再重新面对难题。

6. 找人倾诉烦恼

把所有抑郁埋藏心底，只会令自己郁郁寡欢。不如把它告诉知己好友，或打电话向亲人倾诉，心情会顿感舒畅。

7. 为别人做点事

助人为快乐之源，帮助别人不仅能使自己忘记烦恼，而且可以确定自己的存在价值，更可获得珍贵的友谊。

8. 不要处处与人竞争

海乘在同一部门，关系的性质除了合作还有竞争。其实，有些海乘心理不平衡，完全是因为他们处处与人竞争，迫使自己经常处于紧张状态。

9. 对人表示善意

被人排斥的原因经常是别人对自己有戒心，如果在适当的时候表达自己的善意，多交朋友，少树敌手，心理上的压力自然缓和。

10. 娱乐

这是消除心理压力的最好方法。娱乐的方式并不重要，要紧的是有令人心情舒畅的效果。

第三节　不同航线对海乘心理的影响

一、邮轮的主要航线类型

邮轮把世界变成能满足不同市场需求的一系列区域。世界各地的地理条件、气候条件和季节变化决定了游客的旅游兴趣与动机，也决定了旅程的舒适度和安全性，邮轮公司根据不同的需求制定不同的航线，主要有以下几种类型。

（一）北美航线

北美航线可以满足游客游览文化和地理景点的需求，其中，在世界排名前五的邮轮目的地中，迈阿密和埃弗格雷斯港分别名列第一和第二名，卡纳维拉尔位居第四，这三个港口都在佛罗里达州。

北美航线较多，其中加勒比海地区航线是首选的邮轮旅游胜地。"9·11"事件以后的十几年中，加勒比海作为最受欢迎的路线在旅游上的地位得到了巩固，尽管从那以后增长速度变慢，但仍然表现出上升的趋势。国际邮轮协会描述了加勒比海的三个区域——加勒比海东部和巴哈马群岛、加勒比海西部、加勒比海南部，主要包括巴哈马群岛、波多黎各、美属维京群岛的圣托马斯、圣马丁岛、安提瓜岛、基韦斯特、开曼群岛、金斯敦、巴巴多斯以及库拉索岛等地区。

目前，加勒比海所吸引的游客比世界上其他任何区域都多，并且深受北美游客的欢迎。

（二）欧洲及地中海航线

地中海气候特征是夏季时间长，雨水稀少，阳光明媚，适宜度假。这条线路有丰富多样的旅游吸引物，包括历史景点、精致的城市景观和怡人的海滨浴场。

"9·11"事件发生后，加勒比海航线大受欢迎。与此同时，西欧和地中海地区的邮轮航线也随着紧张局势的缓和而飞速发展。航线所经之地主要包括西班牙的巴塞罗那和帕尔马以及意大利的威尼斯。

北欧适宜邮轮旅游的季节相对较短，但这里的港口很受游客欢迎，所以邮轮旅游集中在短暂的巡游季节。相关调查结果显示，参与该航线邮轮旅游的主要游客首先是北美地区的游客，其次是英国游客，然后是德国游客。当邮轮公司在北欧开展营销活动时，会着重推出英伦岛、波罗的海、冰岛、北极和挪威北角、挪威峡湾和西欧等地的目的港口。

（三）中美洲和南美洲航线

中美洲航线是墨西哥以南、哥伦比亚以北的狭长地带，有巴拿马、哥斯达黎加、洪都拉斯等。南美洲航线有哥伦比亚、委内瑞拉、巴西、阿根廷等。

（四）太平洋航线

太平洋航线是最大、最深、边缘海岛屿最多的航线，南太平洋多小岛屿，其中夏威夷、澳大利亚、新西兰都是热门目的地。夏威夷设有火山国家公园，且有热情奔放的草裙舞。澳大利亚、新西兰最好的旅游季节是当年9月到第二年的4月，其中澳大利亚的悉尼歌剧院，新西兰的雪山、热带植物和冰河都是著名的旅游景点。

（五）亚洲航线

亚洲是充满文化活力和亚洲异域风情的一支航线，航线主要集中在中国香港、马来西亚、新加坡、日本和韩国。中国香港既是东西方文化交融的都市，也是充满活力、独具风格的亚洲"邮轮之都"。新加坡以现代化气息、多元文化以及热情友善等要素吸引着各国游客。日本以众多著名火山、喷泉和温泉、古老的神社和日本园林成为闻名遐迩的观光圣地。由于韩剧的风靡，韩国也成为旅游胜地，它拥有独特的文化和历史遗产，包括山岳、湖泊、温泉、海滨、皇宫、寺庙、宝塔、古迹、民俗村以及历史博物馆等，也因此成为理想的度假胜地。

 扩展阅读

10 大邮轮航线受国内游客热捧

根据在线旅游机构发布的《2012 年邮轮旅游人气排行报告》（以下简称《报告》）显示，2102 年国内的邮轮游客量同比去年增长了 2 倍以上，几年前对中国内地游客来说还是新鲜出游方式的邮轮旅游，已经渐渐成为新的旅游增长点。

该报告还公布了最受大陆游客欢迎、人均费用最高、体验最超值的邮轮旅游航线，韩国及东南亚航线、中国香港和台湾航线仍然因出行方便、价格实惠等因素，上榜成为最受大陆游客欢迎的邮轮线路。

该报告显示，根据游客量的情况来看，最受大陆游客欢迎的十大邮轮航线是韩国航线、新加坡航线、三亚越南航线、中国香港和台湾航线、中东航线、地中海航线、阿拉斯加航线、澳洲航线、加勒比海航线、北欧航线。

从出行天数来看，大陆游客选择邮轮旅游大致倾向 4～7 天的中短期航线。

据统计，2012 年从大陆港口出发的邮轮线路主要以日韩线、越南三亚线、中国香港和台湾线为主，这些线路行程大都在 7 天以内，价格最便宜的只需千元左右。对大陆游客而言，出行较方便的韩国航线、中国香港和台湾航线、新加坡航线、三亚越南航线的费用比较大众化，旅行体验超值，包含船票、港务费和机票在内的人均费用也就在四五千元左右，符合他们一贯的消费心理诉求。

此外，三亚越南因为成熟度高等原因，是目前所有邮轮航线中价格最平稳也是最划算的。而受到钓鱼岛等因素的影响，2012 年下半年日本游整体遇冷，大部分日韩邮轮航线改道为单独的韩国航线，韩国邮轮旅行因此走俏。此外，韩国济州岛和釜山对中国游客的免签政策，也吸引了大量中国游客体验邮轮旅游。阿拉斯加航线成为当前国内邮轮旅游费用之冠，人均达到 28000 元人民币，产品则从 2 万到 3 万多元不等，航行时间也相对较长，目前来看，10 天左右的行程是最受欢迎的。

《报告》根据大陆游客邮轮旅游的出行费用进行了一个从高到低十大热门邮轮航线的排序：阿拉斯加航线占据首位，其次分别为澳洲航线、北欧航线、加勒比海航线、地中海航线、中东航线、韩国航线、中国香港和台湾航线、新加坡航线、三亚越南航线。报告还透露，事实上大陆目前也有推出部分超高端航线如"南极航线"，并且开始有游客报名。根据出游的天数不同，价格在 4 万～8 万元不等，但毕竟这部分是极为小众的人群，尚不能构成规模。

根据价格的排序，澳洲航线、北欧航线、加勒比海航线、地中海航线、中东航线等航线，因需要先从大陆城市飞往出发港口，因此价格相对较高，整体费用多在 1 万元以上。

二、不同航线带来的心理影响

(一) 相似的心理影响

不管海乘工作于哪个公司，服务于哪条航线，在心理影响方面都表现出一定的共性。现在的海乘大都呈现年轻化的特点，曾有人通过填写调查问卷、走访座谈、电话了解等方式和途径，对他们工作生活中的心理压力状况进行了调研。结果显示，有近九成的被调查者感到乘务员的工作压力比较大或非常大。在调查分析的基础上，归纳出造成青年海乘心理压力的主要因素如下。

1. 工作任务繁重

海乘因在船上工作环境中长期生活，形成一个特殊的群体。例如，船舶昼夜航行，必须采取轮班工作制，以保证值班时乘务员保持精神的高度集中和工作的连续性，所以工作密度大，劳动强度大。而由于人员紧缺，乘务员超劳现象十分普遍。

2. 工作环境艰苦

海乘的主要工作时间是在邮轮这个特定环境中。在空间面积有限、航行噪声大的船舱内，长时间保持站立、弯腰腰肌极易劳损，加上邮轮在行程中时不时的会有不同程度的震动和摇晃，身体极易疲劳。乘务员除了要为旅客提供细心周到的服务以外，还要解决自己的事情，有时甚至顾不上吃饭，不少乘务员不同程度地患有颈椎病、胃病等病症。

3. 管理考核严格

据有关研究表明，作为下级，至少有 30％的压力来自上级领导。对于邮轮业这一特殊的交通行业来讲，来自上级领导的管理考核压力更大。一方面乘务员由于自身因素，诸如业务素质、工作效率、工作质量等原因受到批评考核；另一方面由于少数管理者能力不强、管理方法简单粗暴、管理方式不合时宜，使青年乘务员在工作上有时无法与领导产生认同，上下级关系不融洽，内心处于焦虑不安的状态。

4. 业务知识更新快

近年来，邮轮产业为满足游客的要求，进一步深化改革。对于大多数年轻乘务员来说，科技含量高、涉及知识面广，学习任务很重。再加上各种安全措施、要求的传达领会，事故教训、安全检查等各类教育学习还要占用不少时间，乘务员们普遍感到精力不够。

5. 职业特殊性带来的影响

由于特定的工作环境，乘务员每天接触的都是一样的事物，一成不变，枯燥乏味。乘务员这种职业为外界社会了解不多，外界都认为这是一份光鲜亮丽的职业，殊不知在光鲜亮丽的背后，乘务员付出的远不止外人所看到的。特别是在当今社会，青年的价值观不仅呈现多元化，而且追求彰显自我个性。IT 职员、政府公务员、公司白领等时髦的职业成为多数青年羡慕和追逐的对象。相比之下，乘务员这个职业远没有以前那么受人们青睐，不少青年乘务员感到外面的世界很精彩，自己却少有时间参与，同龄人都在张扬个性，自己却循规蹈矩按部就班。社交范围窄，思想交流少，对青年乘务员的协调发展产生了很大制约。

6. 来自家庭问题的困扰

乘务员长期从事单调、枯燥的工作。由于在家休息时间少，从事家务劳动的时间也少，回家倒头就睡，睡醒就走，对家人的依赖程度大，长期下来，必然会影响夫妻关系、父母关系、子女关系等。调查显示，近40％的青年乘务员在家几乎不做家务，其余也只是偶尔做些家务。近80％的青年乘务员认为自己的家庭和社会角色扮演不合格，对老人、子女、妻子、亲戚都很难履行到应尽责任。

（二）不同的心理影响

不同的航线也会给海乘带来不同的心理影响。

1. 亚洲航线带来的心理影响

（1）亲切感。对于中国海乘，亚洲航线主要集中在中国香港、马来西亚、新加坡、日本和韩国。海乘来自相同的国家，语言交流方面不存在太大的问题，因而会感受到工作环境的亲切感。

（2）压力易调适。由于航线时程不长，海乘常有机会回家。相较于长期在外的海乘来说，这样更便于处理家中的矛盾。若是在服务过程中产生了心理压力，海乘在回家休息的时候向家人倾诉，可大大减少海乘的心理负担。

2. 欧美航线带来的心理影响

（1）新奇感。欧美的文化和亚洲文化差异较大，人文景观、建筑都有其独特的风格。风土人情、行事作风都与亚洲人不相同。因此，初次服务于欧美航线在心理上会一些新奇感。

（2）压力相对较大。欧美航线航行时间长、异域文化差异明显，家中之事往往鞭长莫及。加之时差大、季节变化快、通信相对闭塞等因素均不利于释放压力和调节心情。

本章小结

本章从不同类型的海乘职业带来的心理影响、不同岗位带来的心理影响以及不同航线带来的心理影响三个方面来介绍海乘这个职业对于海乘的心理影响。其中，重点描述了不同工作岗位对心理的影响。总体来说，海乘职业有其本身的特色，既有服务业的特征，也有邮轮上工作的特殊性。因此，对于海乘的心理影响也具有一定的特殊性。

思考题

1. 不同工作岗位给海乘带来哪些心理影响？
2. 不同的邮轮航线给海乘带来哪些心理影响？

第四章

海乘和谐人际关系的建立 ‹‹‹‹‹‹‹‹

📖 本章导读

有一个男孩脾气很坏，于是他的父亲就给了他一袋钉子，并且告诉他，每当他发脾气的时候就钉一根钉子在后院的围篱上。第一天，这个男孩钉下了 37 个钉子。慢慢地每天钉下的数量减少了。他发现控制自己的脾气要比钉下那些钉子来得容易些。终于有一天这个男孩再也不会失去耐性乱发脾气，他告诉他的父亲这件事，父亲告诉他，现在开始每当他能控制自己的脾气的时候，就拔出一根钉子。一天天地过去了，最后男孩告诉他的父亲，他终于把所有钉子都拔出来了。父亲握着他的手来到后院说：你做得很好，我的好孩子，但是看看那些围篱上的洞。这些围篱将永远不能恢复成从前的样子。你生气的时候说的话就像这些钉子一样留下疤痕。如果你用刀子捅别人一刀，不管你说了多少对不起，那个伤口将永远存在。

📖 学习目标

目标一：了解什么是人际关系；

目标二：认识海乘人际关系的特点与影响因素；

目标三：掌握海乘人际关系调适的方法。

第一节　人的社会化和人际关系

一、社会认知、社交情绪与社会态度

（一）社会认知

社会认知是个人对他人的心理状态、行为动机和意志做出推测和判断的过程。社会认知

的过程既是根据认知者的过去经验及对有关线索的分析而进行的，又必须通过认知者的思维活动（包括某种程度的信息加工、推理、分类和归纳）来进行。社会认知是个体行为的基础，个体的社会行为是社会认知过程中做出各种裁决的结果。社会认知是一种基本的社会心理活动，人的社会化过程和人的社会动机、态度、社会行为的发生都是以社会认知为基础的。

社会认知的对象范围广泛，包括对他人表情的认知、对他人性格的认知以及对人与人之间关系的认知。

对他人表情的认知：人是一种富有表情的社会人，人的表情是反映其身心状态的一种客观指标。在社会生活中，人们往往根据他人的表情来判断其心理，判断的正确程度取决于认知者对他人表情的认知与解释。人的表情不仅包含面部表情，而且包含身体运动与姿态、说话的语音语调等。有学者（T. R. Sarbin，1954）通过研究姿势的意义发现尽管姿势及其意义与文化有一定关系，但是通过姿势进行沟通的适应范围还是较为广泛的，如图 4-1 所示。

(1) 好奇　(2) 疑惑　(3) 不感兴趣　(4) 拒绝　(5) 观察

(6) 自我满足　(7) 欢迎　(8) 果断　(9) 隐秘　(10) 探究

(11) 专注　(12) 暴怒　(13) 激动　(14) 舒展

(15) 奇怪　(16) 鬼鬼祟祟　(17) 羞怯　(18) 思考　(19) 做作
　支配　怀疑

图 4-1　各种身体姿势及其意义

对他人性格的认知：性格是一个人在对现实的稳定的态度和习惯化了的行为方式中表现出来的人格特征。一般情况下，想要认识他人真正的性格必须通过长时间的观察才有可能做到。然而，他人性格的某些方面可以在短时间内认识到，例如了解一个人过去的生活经历，对人对事的行为方式，甚至是了解一个人在家里兄弟姐妹中的排行，都会有助于了解其性格特征。

对人际关系的认知：对人际关系的认知包含两层意思，即对自己与他人关系的认知以及对群体的认知。在社会生活中，个体往往根据他人从语言或表情中透露出来的态度、情绪来判断人与人之间的关系，使得人际关系拥有个体性、直接性以及情感性的特点。同时，心理学家通过广泛的调查和研究发现，良好的人际关系是影响人生幸福最重要的因素。

 扩展阅读

认 知 方 式

认知方式，也可称为认知风格，指人们在认知活动中偏爱的信息加工方式。它是一种比较稳定的心理特征，个体之间存在很大的差异。认知方式分为冲动型和沉思型、具体型和抽象型以及场依赖型和场独立型三种类型。

1. 冲动型和沉思型

认知方式属于冲动型的人，其特点是认知问题的速度很快，但是错误率较高。这种类型的人不习惯对解决问题的各种可能性进行全面思考，总是急于给出问题的答案；相反，认知方式属于沉思型的人，其特点是认知问题的速度较慢，但错误率很低。这种类型的人习惯谨慎、全面地检查各种假设，在确认没有问题的情况下才会给出答案。冲动型的人在解决低层次问题中占有优势而沉思型的人在解决高层次问题中占有优势。

2. 具体型和抽象型

具体型的人在进行信息加工时，善于较为深入地分析某一具体观点或情境，因此也必须向他们提供尽可能多的相关信息，避免造成他们对问题的偏见；然而抽象型的人在认知问题时，能够看到某个问题或论点的众多方面。

3. 场依赖型和场独立型

场依赖型的人在认知问题时，对客观事物的判断常以外部的线索为依据，他们的态度和自我认知易受到周围环境或背景（有其易受权威人士）的影响，往往不易独立地对事物做出判断；场独立型的人在认知问题时，对客观事物的判断常以自己的内部线索（经验、价值观）为依据，因此，这类型的人不容易受到周围因素的影响和干扰，更倾向于独立判断。

（二）社交情绪

社交情绪是指人们对社会生活的各种情景的知觉，是个体的一种主观体验，是个体的社会需要是否获得满足的反映。这种知觉和体验对个体或全体产生指导性和动力性的影响。

基本的社交情绪有以下几种。

1. 社交焦虑

社交焦虑是一种与人交往的时候觉得不舒服、不自然、紧张甚至恐惧的情绪体验。严重的情形是，社交焦虑体验强烈的个体，其每天的各种活动，如走路、购物、社会活动甚至打电话都是很大的挑战。除了心理上的影响，社交焦虑的个体在与他人交往时，往往还伴随有生理上的症状，例如出汗、脸红、心慌等。个体为了避免导致社交焦虑的情景，通常是减少社会交往，选择孤独的生活方式。

2. 嫉妒

嫉妒是与他人比较，发现自己在才能、名誉、地位或境遇等方面不如别人而产生的一种

由羞愧、愤怒、怨恨等组成的复杂的情绪状态。嫉妒俗称为"红眼病""吃醋""吃不到葡萄说葡萄酸"等。它具有针对性、持续性、对抗性以及普遍性的特点。

3. 羞耻

羞耻是个体因为自己在人格、能力、外貌等方面的缺憾，或者在思想与行为方面和社会常态不一致，而产生的一种痛苦的情绪体验。

羞耻的个体往往会感到沮丧、自卑、自我贬损、自我怀疑、绝望等，认为自己对事情无能为力。公开的情境会强化羞耻感，所以减少羞耻最容易的一个办法就是自我孤立，让自己远离他人。人们也可以通过积极努力、改善自己的行为表现来减少羞耻感。

健康的羞耻感是个体心理发展的自然结果，是人适应社会生活、改善自己的一种重要方式；而过少或过多的羞耻感都是不健康的，都对个体发展不利。

4. 内疚

内疚是个体认为自己对实际的或者想象的罪行或过失负有责任而产生的强烈的不安、羞愧和负罪的情绪体验。内疚者往往有良心和道德上的自我谴责，并试图做出努力，来弥补自己的过失。

健康的内疚感是人类心灵的"报警器"，是人类良心的情绪"内核"，它会提醒人们照顾他人的利益和感受，调整人际关系，有利于个体适应社会生活；过少或过多的内疚感都是不健康的，不利于个体的身心健康。

（三）社会态度

态度是个体对特定对象的总的评价和稳定性的反应倾向。社会态度指个体自身对社会存在所持有的一种具有一定结构和比较稳定的内在心理状态，由认知、情感和行为倾向三个成分组成的心理倾向。

社会态度的构成包括以下三个方面。

（1）认知成分，指个体对态度对象的所有认知，即关于对象的事实、知识、信念、评价等。态度的对象范围广泛，其可以是人、物、群体、事件，也可以是代表具体事物本质的一些抽象概念，还可以是制度。

（2）情感成分，指个体在评价的基础上，对态度对象持有的好恶情感，也就是个人对态度对象的一种内心体验。

（3）行为倾向成分，指个体对态度对象的反应倾向，即行为的准备状态，准备对态度对象作出某种反应。

由于上述三种成分的英文单词首字母分别为 C（cognition，认知）、A（affection，情感）、B（behavioral tendency，行为倾向），因而有人把态度的三成分说成是态度的 ABC 模型。

一般情况下，态度的三种成分是协调一致的，但有研究表明，人们的日常行为常常与态度不一致，而这种不一致，在大多数情况下并没有影响人们的生活质量。态度与行为的关系比较复杂。态度是行为的重要决定因素，但个体具体采取什么样的行动，还受情境、认知因素，甚至过去的经验与行为的影响。比如，很多人知道并认为抽烟有害身体健康，但是仍然吞云吐雾。

态度与行为

　　20世纪30年代初，绝大部分美国人对亚洲人持有负性种族偏见。为了研究这种偏见的影响，Lapiere教授邀请了一对来自亚洲的年轻夫妻驾车做环美国旅行，观察他们所经过的旅馆和饭店的老板会不会因他们对亚洲人的偏见而拒绝接待这对夫妻。结果在三个月的旅行中，他们经过66家旅馆，只有1家拒绝让他们住宿，而184家饭店没有一家拒绝他们用餐，后来Lapiere教授又给他们经过的旅馆和饭店写了一封信，问他们是否愿意接待亚洲人。结果在128封回复的信中，90%说他们不会接待。很显然，他们的态度与行为发生了矛盾。

　　态度的形成和改变是态度同一发展过程的两个方面，而影响态度发展过程的主要因素包括以下三种。

　　（1）人际关系　在社会生活中，同伴对于个体的影响力是不可小视的，人们往往会无意识地遵循同伴的观点或意见。儿童时期较为明显的影响来自于父母、教师以及成年人。正如苏联的心理学家维果茨基提出的：人之所以会变成他自己，是以他人作为参照系来对照自己的行为后果。因此，人际关系是影响态度的重要因素之一。

　　（2）个体的心理特征　社会所给予的奖励或者惩罚对人们态度的形成和发展有重要作用，如果一个人的智力和个性得到全面和谐的发展，态度形成就较为容易，反之亦然。

　　（3）个人经验　个体的经验往往与其态度的形成有着密切的关系，生活实践证明，很多态度是由于经验的积累与分化而慢慢形成的。例如，浙江、上海等地喜甜，炒菜多放糖；而四川、重庆等地喜辣，做菜多放辣椒，这就是由于长期的经验而形成的一种习惯性的态度。当然也会有只经历过一次、有了令人难忘的经验就构成了某种态度。例如，走在路上突然被狗袭击，很可能从此不喜欢狗，甚至看到狗就会绕道而行，即所谓"一朝被蛇咬十年怕井绳"。

二、人的社会化与和谐人际关系

　　人的一生是不断社会化的过程。所谓社会化，就是指个体由自然人成长、发展为社会人的过程，是个体与他人交往接受社会影响，学习掌握社会角色和行为规范，形成规范，形成适应社会环境的人格、社会心理、行为方式和生活技能的过程。与个体的不同年龄阶段相对应，个体社会化过程可分为童年社会化、青年社会化、成人社会化等亚社会化阶段。在这样一个持续的过程中，和谐的人际关系对人的社会化有着重要的影响作用。

　　人是社会性的动物。美国社会学家库利曾经指出，自我意识发展的必要条件是与他人的交往并领会他人对自己的意见，没有与"我"相对应的"我们"或"他"、"他们"的感觉，也就不存在"我"的感觉。这也就是说，没有与他人的交往，就不可能形成个人的自我意识。人要在社会中生存必须加入一定的社会群体，人要实现社会化必须参与到社会大系统的生活之中。通过合群的活动，人才能够将"自己眼中的我"、"他人眼中的我"、"理想的我"整合为一体，意识到自我，认识到自己在环境中的位置以及与他人的关系。因此，人际关系带来了对自我的认识，从而也带来了人的社会化。

　　在人际交往中，彼此互相信任，以诚相待，才能提高交往的深度和质量，不断取得别人的信任与理解，也才能得到别人的帮助和支持，从而建立起良好的人际关系。然而，个体在人际交往中也可能遇到各种阻碍，或者遭受挫折。比如要好的朋友因观点、意见不合而发生矛盾冲突，会给个体在精神上带来痛苦、不安、焦躁等情绪体验，也可能因此而影响到个体生活的其他方面；又比如经常受到父母、老师或周围人的讽刺、挖苦，则情绪体验可能向两极发展：一是极度不平，充满反抗心理；二是极度消沉，自卑自暴自弃。若是这样处理人际冲突，久而久之都会影响社会化的顺利发展。因此，正确地处理人际冲突不仅是和谐人际关系的重要保障，也是个体社会化顺利发展的必要条件。

第二节　海乘的人际关系

邮轮原为运输货物或运载乘客的交通工具。20 世纪初邮轮产业逐渐兴起，不少邮轮公司投资建造设施豪华、节目丰富的邮轮，使邮轮成为一个豪华的海上度假胜地。这就需要雇佣大量员工来确保其能够正常运转并满足游客的需要。

一、海乘人际关系的特点

在船舶远航的日子里，海乘面对的是单一的工作环境和一望无际的大海，活动的空间十分有限，加之通信手段的限制和昂贵的通信成本，导致海乘的人际关系主要分为三种类型，即宾客关系、员工关系以及同事关系。同时，每一种人际关系都有其相应的特点。

（一）宾客关系

所谓宾客关系，就是指海乘与邮轮游客之间的关系。在这种客我交往中，双方扮演着不同的"社会角色"，海乘是服务的提供者，而客人是服务的对象，因此这类型的人际关系主要有以下四个特点。

1. 短暂性

海乘在服务的过程中，宾客关系交往频率高、时间短、短暂性的特点尤为突出。由于宾客之间接触的时间短暂，相互熟悉了解的机会较少。

2. 公务性

在一般情况下，海乘与邮轮游客的接触仅限于客人需要的时间和地点（餐厅、酒吧、茶吧、咖啡厅等），否则则是一种打扰邮轮游客的违规行为。宾客之间的接触只限于公务而不涉及个人关系。若发生公务以外的交往，可能会导致损害海乘服务甚至是邮轮公司声誉的情况出现，一般是不可取的。

3. 服务性

宾客之间的接触通常是一种服务性的过程。所谓服务性的接触，指的是这种接触只有邮轮游客对邮轮乘务员下达指令、提出要求，而一般不存在相反的过程。一些传统观念较深的邮轮乘务员，常常由于不能正确地理解和处理这种服务性的关系而陷入自卑或逆反的心理状态。若此心理状态得不到妥善的调节，容易对邮轮服务质量产生消极的影响。

4. 个体与群体的兼顾性

在海乘的服务过程中，海乘服务的对象可以分为两个层面：一是具有个性差异、不同消费动机和消费行为的个体层面，二是来自同一社会阶层、同一文化背景，从事相同或类似职业的群体。前者有个体的个性消费特征，后者则体现出从众、模仿、暗示、对比等群体消费特征。因此，在宾客交往中，需区分个体和群体的差异，针对其相应的特征提供服务，注意个体与群体的兼顾性。

（二）员工关系

所谓员工关系，指的是服务业管理人员与员工之间的关系。若关系处理得当，不仅可以得到领导的信赖，而且可以满足心理需要和发展需要。这种人际关系也存在以下几个特点。

1. 工作阶级差异性

服务业管理人员与员工存在上下级的关系，服务业管理人员负责统筹、规划和下达命令，而员工多半服从上级安排行事，有时也会向管理人员提供相应的措施、方法。由于工作阶级的不平等性，造成这类关系存在一定的阶级差异性。

2. 非私人性

非私人性的人际关系指的是个人与社会公共活动中的交往关系，是个人与群体及其社会组织交往时形成的一种建立在利益基础上的工作关系。这类型的关系调节强调强制性和非强制性的统一。

（三）同事关系

所谓同事关系，指的是人们在同一职业群体中以共同的职业活动为媒介所结成的没有权利等级差别的人际关系。是职业群体中最广泛存在的人际关系形态，而这种人际关系也存在自身的特点。

1. 关系主客体的平等

不同于员工关系，同事关系由于地位平等，一般不存在下达指示、命令的情况。

2. 交往空间的邻近性

由于海乘工作地点的特殊性，通常吃饭、住宿在一起，因此交往距离较近，人际关系更容易建立。美国心理学家费斯廷格曾在1950年做了一个简单有趣的实验，调查结果表明居住距离越近的人，交往的次数越多，关系越密切。因此，在人际交往中，距离的接近程度与交往的频率有直接的关系，较小的空间距离有利于建立密切的人际关系。

3. 竞争性与合作性的有机统一

同事之间往往为同一目标努力，此时交往关系偏向于合作性，而当出现利益冲突，如晋升、嘉奖等时，此时交往关系偏向于竞争性，因此，同事关系存在竞争性和合作性的有机统一。

人际关系综合量表

下面的"人际关系综合诊断量表"共有四组28个题目，无对错之分，只需根据自己的实际情况做"是"（打√）或"非"（打×）两种回答。认真完成后参看后面评分计分办法，算得各项得分，再对照测验结果的解释，即可得知自己的人际关系如何。

【题目】

第Ⅰ组：

① 自己有烦恼，但感觉说不出口。

② 对连续不断的会谈感到困难。

③ 与一大群朋友在一起，常感到孤寂或失落。

④ 当熟悉的人对自己倾诉其生平遭遇时，自己感到不自在。

⑤ 时常避免表达自己的感受。

⑥ 不能做一个好的听众。

⑦ 不能广泛地听取各种意见、看法。

第Ⅱ组：

⑧ 和生人见面感觉不自然。

⑨ 在社交场合感到紧张。

⑩ 容易感到窘迫。

⑪ 老是担心别人对自己印象不好。

⑫ 对自己的仪表和容貌信心不足。

⑬ 自己的烦恼无人可倾诉。

⑭ 自己常因受伤害而暗自伤心。

第Ⅲ组：

⑮ 经常羡慕和妒忌别人。

⑯ 时常伤害别人，但并非故意。

⑰ 经常和别人闹矛盾。

⑱ 总是想尽力博得别人的赏识。

⑲ 讨厌某人或被某人所讨厌。

⑳ 受别人排斥与冷落。

㉑ 常被别人谈论、愚弄。

第Ⅳ组：

㉒ 很少与异性交往。

㉓ 与异性来往感觉浑身不自在。

㉔ 与异性相处，不知道如何适当地言行。

㉕ 暗自思慕异性。

㉖ 瞧不起异性。

㉗ 被异性瞧不起。

㉘ 与异性交往不知如何更好地相处。

【评分标准】

打"√"的记1分，打"×"的记0分。

【结果评价与辅导】

(1) 若你的最终总分在0～8分之间，说明你善于交谈、性格比较开朗、主动、关心别人；对周围的朋友都比较好，愿意和他们在一起，他们也都喜欢你，大家相处融洽；与异性朋友也相处得很好；你能够从与朋友的相处中得到许多乐趣；你的生活比较充实、丰富多彩。总之，你的人际关系比较融洽，与朋友相处上的困扰较少。

（2）若你的总分在9～14分之间，说明你的人缘很一般，和朋友的关系时好时坏，经常处在一种起伏波动之中。总之，你与朋友的相处存在一定程度的困扰。

（3）若你的总分在15～20分之间，说明你在同朋友相处上的行为困扰较严重。

（4）若你的得分超过20分，那么你的人际关系就有很大麻烦了，而且说明你在心理上有较为明显的障碍。比如你可能不善于交谈，或性格孤僻，或有明显的其他不讨人喜欢的心理及行为。

二、海乘和谐人际关系的重要性

（一）避免孤独

人是群性动物，是具有社会性的，每个人都愿意生活于人群之中，这是天性。每个人都害怕孤单，强烈的孤独感会使人难以忍受，甚至对人的心理产生消极影响。心理学家马斯洛指出人的需要分为五个层次：生理的需要、安全的需要、社会的需要（归属与爱）、尊严的需要、自我实现的需要。这五个层次的需要是逐级上升的，即当一个层次的需要获得相对满足后，人就会追求上一个层次的需要，这就成为驱动行为的动力。在人的生活中，个体成为群体的一份子，被他人所接纳，在社会上被人尊重，这样才能让个体感到有同类，有雷同的语言、生活与文化，如此才能产生乐趣，生活才会有意义。

美国一项基因研究验证了长期感受孤独的人，其基因活动模式独特并会影响到他们的免疫系统功能。同时，研究也指出那些孤独的人长期患有各种炎症，而这些炎症可能引发其他疾病，从而使这类人更容易生病或早逝。

（二）促进个人成长

随着时代的变迁，人类社会已经迈入了信息时代，其特点是信息传播速度快、信息量增大、知识爆炸。因此，从某种意义上说，信息就是时间，就是效率，就是财富，而在此时，个人成长如果只靠自己的学习是不够的。信息获取的途径，很大程度依赖于人际关系。人际关系的过程实际上就是彼此传播信息、沟通知识和经验、交流思想和情感的过程。每个人都各有所长、各有不同的才华。更具不同的经验和体会，在交往的过程当中，这些都会自觉或不自觉地流露出来，并传递给周围的人。通过和谐的人际关系，与朋友在一起多听、多看、多问、多讨论、多学习，不断补充和更新知识，可以促进个人成长。"三人行必有我师焉"便是这个道理。

（三）增进自我了解、发展自我概念

自我是心理学的古老课题。自我又称为自我意识或自我概念，是个体对其存在状态的认知，包括对自己的生理状态、心理状态、人际关系及社会角色的认知。对于个体而言，认识自我、确定自我、发展自我、完善自我是个体重要的心理过程。在个体认识自我的过程中，不仅可以从自己的角度来评价自己，还可以从他人的角度来认识自己的价值、优点和缺点，

两者相结合，便能帮助个体了解自我。因此，人际网络越广就拥有越多的角度，也就有多渠道的回馈，更增进自我了解。树立正确的自我意识是心理成熟的标志。在确定自我之后，个性的形成和发展也需要在交往中去实现。

（四）调节情绪

情绪可按照发生的速度、强度和持续时间的长短分为不同的类型，其中心境是主要影响情绪的一类。所谓心境，指一种微弱、持久而又具有弥漫性的情绪体验，通常叫做心情。它并不是对某一事件的特定体验，而是以同样的态度对待所有的事件。愉快的心境使人看见什么都觉得愉悦；不愉快的心境使人看见什么都觉得烦心。因此，良好的心境给人的工作和生活带来积极的影响。引起心境变化的原因很多，其中一个重要的原因就是人际关系。

另外一种情绪是激情。激情是一种强烈的、爆发式的、持续时间较短的情绪状态。激情可分为两个极端：一是积极的，二是消极的。当个人取得成就、获得荣耀、感受快乐时，有朋友在身边一起分享则更能感受到喜悦与价值。而当个人遭受挫折、感受痛苦时，若有朋友在身边安慰、鼓励或协助，就不会感到孤立无援，人也比较容易恢复信心，重新振作。

（五）促进身心健康

积极心理学表明，良好的人际关系对于个人生理和心理都有很大帮助。一方面，良好的人际关系有助于个体提高自信和自尊，使得个体感到心情舒畅，备感温暖与满足；另一方面，良好的人际关系有助于个体社会化顺利发展，从而大大提高行为的有效性。相反，若个体人际关系失调，将长期处于焦虑、沮丧、挫折、失望、自贬的状态，会造成心理的失落，其结果必然产生消极的生活态度，甚至导致心理疾病。所以，积极的、融洽的人际关系使人感到安全、自尊、自信，有助于个体的身心健康。

三、影响海乘人际关系的心理因素

认知、情感、人格、能力四种心理因素会影响到海乘人际关系。

1. 认知因素

人际交往过程中，每天都会形成各种各样的印象，然而这些印象并不能反映事实。很多时候因为一些交往心理效应而造成认知偏差，会影响个体对人际关系的判断。因此，我们需要了解这些心理效应。

（1）首因效应　首因效应（Primary Effect），指人们初次交往接触时各自对交往对象的知觉观察和归因判断，即我们通常所说的第一印象。第一印象主要是依靠性别、年龄、体态、姿势、谈吐、面部表情、衣着打扮等来判断一个人的内在素养和个性特征。实验证明，第一印象是难以改变的。因此，在日常交往过程中，尤其是与别人初次交往时，应注意给人留下好的印象。

（2）近因效应　近因效应（Recency Effect），与首因效应相反，指的是在多种刺激一次出现的时候，印象的形成主要取决于后来出现的刺激，即交往过程中，我们对他人最近、最新的认识占了主体地位，掩盖了以往形成的对他人的评价。

案例分享

员工与领导的第一印象

当新近员工丽丽与部门领导李翔第一次见面时，丽丽一边看着李翔，一边在想："他就是李翔吗？他就是我们部门的领导？看起来，没有我想象的那么老练。"李翔同样也这样想，他一边看着丽丽，一边想："她就是新近的员工？看起来娇滴滴的，吃不得苦。"

这就是丽丽与李翔第一次见面时两人之间的人际认知，彼此留下了不同的"第一印象"。当然，随着交往的深入，通过进一步的互相了解，也许丽丽会发现，李翔"虽看上去年轻，但是办起事来却很有一套"。这便是"首因效应"与"近因效应"在人际认知中发挥的作用。

（3）晕轮效应　所谓晕轮效应（Halo Effect），指的是人们在评价他人的时候，常喜欢从某一点特征出发来得出或好或坏的全部印象。这种强烈的知觉就像月晕的光环一样，向四周弥散开来，掩盖了对这个人的其他品质或特点的认识。多数情况下，晕轮效应常使人出现"以偏概全"、"爱屋及乌"的错误，从而影响到人际关系的理性判断，对人际关系有较大的影响。

（4）刻板效应　所谓刻板效应，指的是人们在评判他人时，往往喜欢把他看成是某一类人中的一员，而很容易认为他人具有这一类人所具有的共同特征。例如，南方人常被认为小气、自私；北方人常被认为豪爽、正直；家庭社会地位高的学生不好相处、高傲；家庭社会地位低的学生不善言辞、孤僻。在人际交往中，个体若机械性的将交往对象归于某一类人，即使他并未表现出该类人的特征，也都视其为此类型的代表并将相关评论强加于他，则会影响正确认知而有损人际关系。

（5）投射效应　所谓投射效应，就是"以己论人"，常常因为别人与自己具有相同的爱好、个性等，以为别人应该知道自己的所想所思。投射效应是一种严重的人际认知偏差。它是由怀疑引起的对别人行为、态度，甚至人格的歪曲。"以小人之心度君子之腹"便是这个效应的典型写照。

2. 情感因素

人际交往中的情感因素，是指交往双方相互之间在情绪上的好恶程度、情绪的敏感性、对交往现状的满意程度以及对他人、对自我成功感的评价态度等。

人际交往中的情感表达应该适时适度，随客观情况变化而变化。积极的情绪体验有助于人际交往，相反，不良的情感反应会影响到人际交往。比如，对常人可因之喜怒哀乐的事情无动于衷，则会被他人认为你麻木、冷漠，不宜交往；若不分场合的恣意纵情，别人则会觉得你轻浮，亦不宜交往。以下列举一些常见的情感因素。

（1）自傲　自傲的人习惯过高地估计自己，认为他人都比不上自己，只关心自己的需求，强调自己的感受。在人际交往过程中，他们常表现为喜欢自夸、妄自尊大、盛气凌人，高兴时则手舞足蹈，不高兴时则乱发脾气，完全不会在意和理会他人的感受，容易引起他人反感，而不愿与之交往。

（2）自卑　与自傲相反，自卑的人通常对自己的知识、能力、才华等做出过低的评价，进而认为自己比不上别人，否定自我。在人际交往中，自卑者常表现为想要竭尽全力做好某件事情并得到他人的肯定；很敏感地将别人的不快归咎于自己的过失。这类人因总觉得自己不如他人，非常敏感又害怕受伤，故而难以让人接近，不愿敞开心扉。

（3）猜疑　猜疑心理是一种由主观推测而对他人产生不信任感的复杂情绪体验。此类人心理敏感，往往捕风捉影，节外生枝且容易说三道四，挑起是非。他人与其交往时，容易猜测他人心思，但往往是向消极的方向思考，因此容易与他人疏远，影响人际交往关系。

（4）孤僻　孤僻心理是因缺乏与人的交往而产生的孤单、寂寞的情绪体验。这类人在与人交往时，通常表现得冷漠、不易亲近，给他人以挫败感，令人心灰意冷，不愿再与之接触。

（5）逆反　逆反的人喜欢标新立异，爱与他人抬杠。在人际交往的过程中常给人带来反感和厌恶的体验，不利于人际关系的建立和发展。

3. 人格因素

对人际关系而言，人格因素至关重要，它是个体吸引力最重要的来源之一。美国学者安德森（N. Anderson，1968）研究了影响人际关系的人格品质，其中受喜爱程度最高的六个人格品质有：真诚、诚实、理解、忠诚、真实、可信；受喜爱程度最低的几个品质包括说谎、装假、不老实等。

4. 能力因素

不知道如何与人相处、交往能力欠缺也是影响人际关系的一个因素。比如有些人是见面熟，对于第一次见面的人都能够打得火热，而有些人即使有强烈的交友欲望，但却不知道如何开口。这就是一种交往能力的体现。一般情况下，人际交往的能力不是固定不变的，可以随着交往互动有意识的来锻炼。

人际关系与幸福

追求快乐和幸福是人生活的根本目的，但是怎样才能得到快乐和幸福，或者说幸福的最重要的支持因素是什么呢？

在日常生活中，金钱、地位、名誉、成功等似乎与个人的生活质量关系较大，因此许多人认为幸福是建立在这些要素的基础上的，但心理学家却否认了这种说法。心理学家通过广泛的调查和研究发现，良好的人际关系，尤其是亲子、夫妻、亲密朋友等关键的人际关系的融洽，才是人生幸福的最重要的影响因素。

金钱买不来幸福，成功、名誉和地位也带不来幸福。幸福从某种意义上说是一种生活态度和生活方式，只要我们对人真诚、友爱，对人关怀、体贴，对人理解和包容，我们就可以收获良好的人际关系，并最终获得幸福。

第三节　海乘人际关系的困惑及调适

一、海乘面临的主要人际关系困惑

海乘在日常人际交往过程中会出现许多困惑，主要体现在以下四个方面。

1. 认知困惑

认知因素是人际知觉的结果，主要包含三个方面：自我认知、对他人的认知以及交往本身的认知。对于海乘来说，认知困惑有如下两个层面。

（1）渴求交往与自我意识的矛盾 海乘的年龄较为年轻化，一般亚洲邮轮要求 18～25 周岁；欧美邮轮要求 21～35 周岁。因此，初上邮轮成为海乘的年龄段为青年阶段，此时人的自我意识逐渐增强，开始了主动交往，但由于社会阅历有限，同时心理上也不成熟，在人际交往中往往带有理想化的色彩。加之，海乘多为 80、90 后的青年，大部分都属独生子女，因此，容易以自我为中心，要求交往的平等性。同事之间可能出现互不相容的情况，员工之间可能出现逆反叫板的情况。

（2）交往意识的理想化与现实多面性的矛盾 海乘工作场所单一，若能找到重思想、重情感、心有灵犀的朋友对海乘的身心健康是十分有利的。因此，在寻找知己时，常用理想的标准要求对方。然而同事之间的关系存在合作性和竞争性并存的特点，有时理想与现实不符便会让人倍感失望，不愿面对现实中的冷酷与无情。因此，海乘在交往时会出现渴求交往和自我封闭的双重性。

2. 情感困惑

情感成分是人际交往中最为重要的特征。情感的好坏决定着交往者今后彼此间的行为。海乘的人际关系，每一种关系都有可能带来不同的情感困惑。比如，海乘人际关系中的宾客关系，由于关系的不平等，若是不能及时调节，海乘很有可能出现自卑、压抑的情绪体验；同事关系中的竞争性若是不能妥善处理，则容易表现为自我防卫、难于合作的情绪特征；员工关系中的阶级差异性若不能适应，容易出现逆反的情绪状态。这些情况都会妨碍良好人际关系的形成。

3. 人格困惑

人格是指一个人与社会环境相互作用表现出的一种独特的行为模式、思维模式和情绪反应的特征，也是一个人区别于他人的特征之一。一般来说，人格是相对稳定的。但是研究表明，人际交往中的误解、矛盾与冲突可使人格发生异化。有的海乘不能很好地处理人际关系，遭人排挤，加之工作环境封闭，不易与他人倾诉，久而久之对自己的人格特征产生疑惑，无法在与他人的交往中认清自己。

4. 能力困惑

海乘的交际能力欠缺，表现在社会经验尚浅、平时交际少和活跃范围低等方面。随着时代的更迭，现代人的关系圈子越来越小，人机关系取代了人际关系，人们可以在电脑、手机等电子产品上进行通讯，从而减少人与人面对面的这种交流、模仿和学习的机会。因此，虽然海乘可以从书本中学到建立、发展人际关系的方法，但是少了相应的锻炼，表现在人际交往中为缺少语言表达能力、人际融合能力。

 案例分享

艾米丽的烦恼

艾米丽是一名年轻的邮轮乘务员，由于小时候父母对她的过度保护，她很少有机会与小朋友们一起玩，导致她不会与人交往。工作后，她看到别的邮轮乘务员很快就和同事、领导

打成一片，非常羡慕，她虽然也很渴望和同事们打成一片，但就是不知道该从何下手，不知道怎么跟别人成为朋友。邮轮上的工作有时枯燥又少有人诉说，她每天都是一个人独来独往，感到非常孤单。

思考：① 你认为她在人际关系上存在哪些问题？

② 你认为她该如何打破僵局？

二、海乘人际关系调适的策略

具体地说，海乘要想建立和谐的人际关系，可以从以下几个方面入手。

1. 正确认识自我

在人际关系中，自我知觉也是其中重要的一环。若能正确认识自我，了解自己的优点和缺点，在与人交往中就不会出现自卑、自傲、猜疑等情绪体验，从而有助于建立和谐的人际关系。在和谐的人际关系中，海乘又可以通过他人的角度更加深刻地看清自己待人处事的方式方法，这样又能反过来促进人正确地认识自我。如此这般，随着工作和生活的继续，海乘的知识增加了、社会经验也丰富了，大多数人对自己的分析、评价逐渐变得全面、客观和主动，对自己的优劣势有了较正确的认识和评价，并能够选择自己的长处来发展，开始具备在自觉基础上的"自知之明"，从而在人际交往中做到不卑不亢、和善宽容。

2. 换位思考，体察他人需求

要处理好人际关系，必须经常换位思考，知道人们的基本需求。例如，宾客关系中知道客人需要什么；员工关系中知道领导需要什么。良好的人际关系必须是双赢的，双方都能从相互交往中满足自己的某些需要，只有付出的或只有索取的交往都是不可能长久的。同时，在交往过程中，减少理想化的成分，接受人都不是十全十美的，以免造成失望，甚至怨恨的心理。

3. 掌握人际交往的原则

（1）尊重他人 古人说："敬人者，人恒敬之。"尊重包括自尊和尊重他人两个方面。一方面，自尊就是在各种场合自重、自爱，维护自己的尊严。有些海乘认为其工作就是伺候人的，地位非常低，因此感到不自信，这样就没有维护自己的尊严。海乘是一份工作，工作是没有大小、高低、贵贱之分的。另一方面，尊重他人就是尊重他人的人格、习惯和价值。有些海乘抓到邮轮游客的小癖好就当做新闻一样随处分享，这样极不尊重客客人私生活的合法性与独立性。若是被客人知道极易造成矛盾，使得人际关系无法建立。

（2）真诚待人 真诚待人是人际交往中最有价值、最重要的原则。真诚是人与人之间沟通的桥梁，只有以诚相待，才能使交往双方建立信任感，并结成深厚的友谊。海乘人际关系中的同事关系更是需要真诚待人。工作中，人与人之间是真诚的，工作的环境就是积极且有利于发展的。在这样的环境中工作，可以使人们团结起来，充分发挥群体的效能，同时也能形成激励和互补，促进海乘之间的相互学习和信息交流。

（3）保持最佳距离 保持距离并不是设置在心灵上的屏障或戒备防线，它因人、因场合而异，人与人之间亲密程度的不同所保持的距离是不同的。美国学者研究发现，46 厘米至 61 厘米是一个人的私人空间，其男友或女友可以安然地呆在私人空间内。与较好的朋友讨论个人问题时，最佳空间距离应保持在 76 厘米至 122 厘米之间。与同事或领导讨论公事时，最佳的空间距离为 122 厘米至 213 厘米。若大于这个距离，对方会误认为你态度不认真；小于这个距离，对方会觉得有压迫感。与非亲密朋友交谈，最佳空间距离则是 213 厘米至 366 厘米。

（4）宽容大度　人际交往中产生误解和矛盾是不可避免的。海乘工作范围有一定的局限性，因此接触频繁。若想保持良好的人际关系，谦让大度、克制忍让是需要做到的。宽容大度并不是懦弱、胆怯的表现，相反，它是有胸襟的表现。在宽容别人的同时也可看清自己的不足与缺点。

4. 人际交往的技巧

（1）了解交往的对象　正确地了解交往对象，是提高人际交往和建立良好人际关系的第一步。若是单凭第一印象作出的判断来发展人际关系可能会造成误导。

（2）与人交谈的技巧　选择对方最感兴趣的话题，是交谈技巧的根本。除了有令对方感兴趣的话题外，人们还需掌握说话的技巧。美国《纽约时报》专栏作家威廉·萨菲尔说：与人沟通时，必须先理清自己的思路，说话要言之有物，以此说服、引导、感染和引诱对方。同时，海乘可运用自己的声音，包括语音、语调、语速来帮助沟通。例如，宾客在点餐时，海乘用中等的语速、轻快的语调、清脆的语音来帮助邮轮游客，游客会觉得自己是受尊重的而心情愉悦。

（3）聆听的技巧　人际交往过程当中，除了要表达自己的意见，更多的时候是在倾听他人的诉说。不同的场景需要不同的听法，作为一名好的听众，有以下几点建议可供参考。

① 积极地倾听

采取正确态度。乐于倾听，并善于找到有意义的地方，从中学到有用的东西，别让理性因情绪失控。

集中注意力。在听别人讲述时，专注于与你交谈的人。在听的过程中，若是目光没有注视对方，容易让他人误认为你并没有听他们说话，感到不被尊重。

不要用别的话题打断说话者。

从说话者的立场看事情。站在凸凹镜的两边会得出关于凸凹镜性质的不同的结论。

② 反复思考听到的信息

把握话题背后的重点。

在听的过程中，自己作判断：这是事实吗？这是好建议吗？这些话的意义何在？

③ 勇于发问。在人际交往的过程中，表达者和接收者存在一定的差异，听到和理解就有一定差距，需要解释、概括等获得进一步的事实，在此过程中也可整理自己的思路，同时给对方一个补充的机会。

④ 作出回应。

用言语、动作等"信号"表明你对此有兴趣。

保持视线接触，并以点头等方式作出回应。

提供建议性的回答。

（4）给他人留下好的第一印象　交往中的第一印象往往会决定整个交往过程的结果和基调。所以，留下好的第一印象十分重要。不妨在你和对方目光接触、开口说话、打破沉默之前，露出你亲切的笑容。笑容，是调动情绪、给人留下良好第一印象的良药。这也能够帮助海乘建立较好的同事关系。在宾客关系的处理中，海乘应注重衣着打扮，并加强举止、修养、礼节等方面的素质，给邮轮游客留下好的第一印象。

（5）表达善意　在日常忙碌又充满压力的生活和工作中，人们很容易忘记表达自己的善意。因生活中的某件事对某个人表达真诚的赞美或是感激，这仅仅会花费你 30 秒或 1 分钟，而可能令他/她一整天甚至一整个星期的心情都非常愉悦。

 扩展阅读

按"型"处理人际关系

人有不同的"型"，在职场中表现尤为明显，一般有屈从型、攻击型和超脱型三种，处理人际关系的风格也各不相同。

1. 屈从型

屈从型的人，习惯于忍气吞声，不去表达自己的需要，不去维护自己的权益，和他人的矛盾却也不见得少，人际关系也好不到哪里去。顺从别人、讨好别人，而不去维护自己的权益，其实会令人感到很不舒服。

假如你是屈从型的人，要敢于表达自己的需要、维护自己的权益，即使害怕也要去做；要心平气和真诚地去和人交涉。但是注意不要走向极端而去攻击别人。

2. 攻击型

攻击型的人倾向于通过攻击的方式和人断绝人际关系。此类人的家教一般很严厉，父母希望他们长大成为一个重要人物，一旦做不好就会被责备。长大后，他们容易成为既谨小慎微又叛逆的人，常与人搞不好关系。父母的严厉使他们想反抗，可是自己的道德观念又不允许反抗父母，于是把生活中的权威当做父母一样来反抗，以发泄心中被父母压制的愤怒。

如果你是攻击型的人，要先了解自己的特点以及自己性格的形成原因，努力走出过去、完善自我，如此才可能搞好人际关系。

3. 超脱型

超脱型的人，不关心周围的世界，好像什么都与他无关，容易被别人理解为冷漠、不合群，导致被疏远，搞不好人际关系。

超脱型的人要主动对人敞开心扉，增加参与精神，要敢于表达自己的意见，如此才能处理好人际关系。

推荐书目

[1]　阎力．当代社会心理学．上海：华东师范大学出版社，2009.

[2]　倪望清，胡志国．国际邮轮服务与管理．天津：天津大学出版社，2014.

[3]　[美] 博尔顿．人际关系学：如何保持自我、倾听他人并解决冲突．徐红译．天津：天津社会科学院出版社，2012.

本章小结

本章从人的社会化与人际关系、海乘的人际关系以及海乘人际关系的困惑及调适三个方面讲述了海乘如何建立更和谐的人际关系。海乘人际关系因工作的特殊性也有其相应的特

点。同时，本章总结归纳了海乘人际关系调适的策略以及建立和谐人际关系的方法。

思考题

1. 海乘人际关系的特点。
2. 请举例说明海乘的人际认知效应。
3. 请详细阐述海乘调节人际关系的策略。

第五章

海乘的身心健康和心理障碍

◀◀◀◀◀◀◀◀

本章导读

谭某某，女，大学二年级学生。两年来，她极少与同学讲话，与人讲话时也不敢直视对方的眼睛，眼神躲闪，像做了亏心事，一说话脸就发烧，低头盯住脚尖，心怦怦跳。她不愿意与同学接触，觉得别人讨厌自己，在别人的眼中自己是个"怪人"。她最害怕接触男生，即使在自己的寝室里，只要有男生出现，就会不知所措。在教室上课时，害怕男生坐在身边，觉着男生对自己会有不轨的企图，总会选择教室的角落坐下，否则就会惴惴不安。整天处于紧张不安的状态下，独来独往，内心焦虑，十分痛苦。

这名大学生出现明显的心理障碍，虽然这种情况在大学生群体中并不是主流，所占比例不高。但每所大学都有部分学生会有这样或那样的心理障碍，有心理障碍的大学生内心十分痛苦，若不懂得自我调适及寻求帮助的方法，最终会导致悲剧的酿成。海乘专业的大学生参加工作后，面临海洋上全新的工作环境，将会遇到各种困难与问题，容易出现各种心理困扰甚至心理障碍。海乘专业大学生应了解青年学生常见的心理障碍类别、表现及防治对策，掌握自我调适的方法和寻求心理帮助的途径，有利于心理障碍的有效预防以及早发现和早治疗，不断完善自己的人格，愉快地工作与生活。

学习目标

目标一：了解什么是心理障碍及常见类型；

目标二：了解海乘可能出现的心理障碍类型及表现。

第一节　大学生心理问题与心理障碍

一、什么是心理障碍

大学生作为一个特殊的社会群体，正处在人生成长与发展的重要时期。在这一时期，他们将逐步完成从青少年向成年人的过渡和转变，建立起自己的稳定的人格结构；在心理上和经济上将逐步摆脱对父母和家庭的依赖，走向独立和成熟。但同时也承受着更大的压力和挑战，在面对就业、经济、社会和个人成长的烦恼及情感压力，加之心理承受力有限的背景下，极易出现情绪不稳或心理失衡的现象。我们应积极引导他们主动了解心理障碍的相关知识，学会识别心理障碍的标准、行为表现及寻求帮助的策略，同时，也会正确地对待身边有心理障碍的人。

（一）心理障碍的内涵

心理障碍，又称心理异常，通常是指由不良刺激引起的心理功能失调，主要反映一个人在发展和适应上的困难，是心理问题中的一种。根据一个人从心理健康到心理不健康状态，可以将心理问题划分为四个等级，分别是心理健康状态、心理困扰状态、心理障碍、心理疾病。

1. 心理健康状态

心理健康状态指的是一种生活良好适应的状态。到底什么是生活良好适应的状态呢？心理学家马斯洛和米特曼在《变态心理学》中提到十一项心理健康标准，主要包括：①具有适度的安全感和自尊心，对自我的成就有价值感；②适度的自我评价，不过度夸耀自己和苛责自己；③在日常生活中不被环境所奴役，具有适度的自发性和感应；④与现实环境能保持良好接触，具有一定的忍耐力和适应力；⑤适度接受个人的需要，并有满足此种需要的能力，特别不应对个人在性方面的满足与需要产生恐惧或歉疚；⑥了解自己行为的动机与目的，并能对自己的能力做出适当的估计；⑦能保持人格的完整与和谐，个人的价值观能视社会标准的不同而改变；⑧有符合实际的生活目的；⑨具有从经验中学习的能力，能适应环境的改变而改变自己；⑩能与他人建立和谐的关系，并被群体所接纳；⑪在不违背群体的条件下能保持自己的个性。

我们可以从更为通俗的角度理解心理健康的状态，即自己不觉得痛苦，一段时间内，比如一个月、一个季度、一年等，愉快感大于痛苦感；他人不感到异常，与周围人、环境协调，不会觉着格格不入；能胜任家庭角色和社会角色，比如，在读大学生面临着两个角色，在家是子女，在学校是学生，能适应这些角色。满足以上三个方面：自己不痛苦，他人不感到异常，能胜任社会角色，则可认为心理保持健康状态。

2. 心理困扰

也叫心理亚健康状态。它是介于心理健康与心理障碍之间的状态。这是由于个人的心理素质（过于要强、孤僻、过于敏感等）、生活事件（工作压力大、领导批评、婚恋挫折、亲人病亡）、身体状况（长时间身体劳累、久治不愈）等因素所引起的。心理困扰不同于心理障碍，它有以下特点：一是持续的时间短。一般情况在一周内能够得到缓解。二是损害小。

心理困扰状态对生活、学习、工作的影响很小，表现在生活中，人们常常描述为"心情不好、不高兴""很累"等。心理困扰的状态大多可以通过休息、找朋友聊天、旅游、娱乐等放松方式得到缓解。若心理困扰一直得不到缓解，甚至有加重的倾向，长时间处于低迷状态，痛苦感大于愉快感，就上升为心理障碍，则需要求助于心理咨询，以尽快得到调整，避免造成严重的后果。

3. 心理障碍

也叫轻性心理障碍。它是指由不良刺激引起的心理功能失调。至今没有公认的统一判断。一般的常识性判断有以下特征的人为心理障碍人群：离奇怪异（不协调）的言谈、思想和行为；过度的情绪体验和表现；自身社会功能不完整；影响他人的正常社会活动等。比如，抑郁症患者，表现为孤僻、不与人交往、情绪多变、无故发脾气或紧张恐惧、长期回避社交等。心理障碍患者大部分不能通过自我调适或非专业人士的帮助而解决根本问题，必须求助专业的心理咨询工作者。

4. 心理疾病

又称严重心理障碍。心理障碍与心理疾病的区别在于：心理障碍者知道并承认自己存在困惑，会积极寻求帮助去解决自己困惑的心理问题；心理疾病者不知道，亦不承认自己有病，十分抵制治疗，如精神分裂症患者。心理障碍属于心理学研究的范畴，是许多不同类的心理、情绪、行为失常的统称，多由心理因素所致。宜结合心理治疗模式，患者主动提出要求，不强制，不用药。而心理疾病已上升到临床医学范畴，宜采用医学治疗模式，必须用药物治疗。

人们往往容易将心理困扰上升为心理障碍，甚至是心理疾病。当自己出现心理困扰时过度紧张，不愿意承认自己有心理困扰。其实，每个社会中的人，都会因为生活、工作及学习上不如意事件或多或少的产生心理困扰，我们要积极面对与调适，而不可以将其直接等同于心理障碍，消极面对，否则，心理困扰长时期得不能疏导，而演变为心理障碍，甚至心理疾病。

（二）心理障碍的标准

心理障碍本身是极为复杂的，从心理健康到心理异常是一个连续体，是相对的、动态的和可逆的，因此，目前尚无公认的统一判断的标准。综合学者的意见，有以下几种标准：①常识性的判断。离奇怪异的言谈、思想和行为；过度的情绪体验和表现；自身社会功能不完整；影响他人的正常社会活动等。②常态分布的标准。行为与大多数人保持一致者为正常，独特怪异者为异常。③社会规范的标准。符合社会规范的行为为正常，违反社会规范的行为是异常。④心理成熟的标准。心理成熟与生理成熟相当者为正常，心理成熟程度远落后于同龄人者为异常。此外，美国最大的精神病学组织，也是世界上最大的精神病学组织——美国精神医学协会颁布的《心理异常诊断和统计手册》给出了心理障碍的七条判别标准。

1. 痛苦的主观感受或心理功能不良

痛苦的主观感受是心理障碍最典型的表现，摆脱主观的痛苦成为心理障碍患者最强烈的愿望。心理咨询与心理治疗一般都是从心理障碍对痛苦情绪的描述或倾诉开始的。心理功能不良主要表现为感觉障碍、知觉障碍及思维障碍。感、知觉的障碍，如感觉过敏或减退，幻听、幻视、幻触；思维的障碍，如思维迟缓、思维中断、思维贫乏等，容易导致患者社会功能的衰退。

2. 不适应性

心理适应主要指各种个性特征互相配合，适应周围环境的能力。一个人能否尽快地适应新环境，能否处理好复杂、重大或危急的特殊情况，与他（她）的心理适应性高低有很直接的关系。心理障碍者适应性差，不愿意与人交朋友，独来独往，内心痛苦不安。

3. 非理性

即个人对客观现实的感知、理解和反应是不符合事实的，是歪曲的。如无端怀疑所有异性对自己有不轨的企图、听到不存在的声音、坚信自己被迫害。

4. 不可预测性

个人的行为和心理缺乏稳定性和一贯性，呈现出紊乱状态，难以理解。例如，在没有明显诱因的情况下，情绪大起大落，人格显著改变，甚至几种人格无规则地交替出现。

5. 非常态性

非常态性是从统计学的角度讲的。个体的心理特征和行为方式在统计学上处于极端位置且不被社会所接受或赞同。并非所有的非常态状况都是心理异常的表现，有时，处于统计学一端的心理和行为是积极健康的，是为社会所认可和崇尚的，如智力优异、创造力强、成就动机水平高等。有时，某一维度的统计只是显示出某种类型差异，它告诉我们人类心理和行为的复杂性和丰富性。如同性恋，这种现象相对少，却是一种客观存在的性恋模式。但心理异常与常人不同的极端表现是被社会所不认可、不接受的。

6. 令观察者不适

个体通过令他人感到威胁或体验到痛苦而造成他人的不适。例如，公众场所的裸行，无端猜忌甚至由此导致的报复行为。

7. 对道德或公众标准的违反

个体的行为违反了社会道德要求、社会行为规范。例如，成人用幼儿的性游戏活动来满足自己的性需求等。

以上七条标准相互联系，个体符合心理障碍的标准条数越多，其表现越极端且频率越高，越有把握做心理障碍的判定。

二、心理障碍的常见类型及表现

心理障碍本身极其复杂，常见的心理障碍类型可见表 5-1。

表 5-1　心理障碍的常见类型

心理障碍的类型	细　分　种　类
神经症	①神经衰弱；②焦虑症；③强迫症；④抑郁症；⑤恐惧症；⑥疑病症；⑦癔症
人格障碍	①偏执型；②分裂型；③强迫型；④表演型；⑤反社会型；⑥自恋型；⑦回避型；⑧依赖型
性心理障碍	①恋物癖；②异装癖；③窥阴癖；④露阴癖；⑤挨擦癖；⑥施虐癖与受虐癖

（一）神经症

神经症，又称神经官能症或精神神经症，是一组精神障碍的总称，包括神经衰弱、焦虑症、强迫症、抑郁症、恐惧症、疑病症及癔症。

1. 神经衰弱

面临考试的小雷

临近期末考试，大学一年级的雷同学找到心理医生诉说。他在中学时学习成绩十分优秀，一直在班上名列前茅。但最近他发现自己无法睡觉，大脑极度兴奋，只要一闭上眼睛满脑子全是考试，白天一沾书脑门就疼，注意力越想集中越集中不了，记忆力很差，有时一页书看上几个小时还是没明白其中的意思，十分痛苦。

这是典型的神经衰弱的案例。神经衰弱又称神经衰弱性神经症，是一种比较常见的心理障碍，是一种以精神易兴奋又易疲劳为特征的神经症。具体而言，有如下几个方面的症状：①精神易兴奋又易疲劳。易兴奋主要表现为联想与回忆增多且杂乱，注意力无法集中或无法专于某一主题，易受外界无关的刺激影响导致注意力难以集中。易疲劳表现在精力下降，萎靡不振，能量不够，工作时间稍长一点就会感觉到疲惫不堪。②烦恼、易激怒与紧张。特点是：觉得痛苦而难以控制，情绪的强度及持续时间与生活事件或环境不符。③睡眠困难。难以入睡，多梦，睡醒后乏困。还有的表现为头昏眼花、心慌气短、消化不良、胸闷、多汗等。

神经衰弱是大学生中极其常见的一种心理障碍，常常表现为头昏脑胀、耳鸣、感觉过敏、怕声、怕光、怕冷、入睡困难、多做噩梦、情绪烦躁、易冲动、好发怒，有时长时间卧床不起、手足发凉、全身无力、精神萎靡、注意力不集中、记忆力大幅度衰退、上课打瞌睡、学习成绩明显下降等。导致大学生神经衰弱的原因是多方面的，主要有以下几个方面：对大学生的学习适应困难、感到学习压力大，恋爱受挫，家庭婚变，亲人病亡，以及身体疾病等。这些问题引起的心理冲突，使得神经活动处于持久的紧张状态，超过了可承受的限度，进而引起崩溃和失调。对于患神经衰弱的学生，一方面应积极寻求心理咨询专业人士的帮助。各高校一般都设有心理咨询室，可以向心理咨询专业人士倾诉，缓解心理冲突，寻求他们的帮助。另一方面，自己应积极主动调适与面对。如合理地安排作息时间，积极参加团体的娱乐活动和体育锻炼，将注意力从自身引向外界，利用森田疗法的"顺其自然，为所当为"的认知理念进行自我放松，减轻内心不安感。

2. 焦虑症

焦虑症患者的自述

2003年，我24岁了，在一家IT公司里从事计算机软件设计工作，公司要我负责一个全省的项目，当时从公司的层面来说，这个项目非常大，而且公司把技术这块的重任都交给了我们团队。更麻烦的是我们团队的人员关系非常复杂，每天工作的环境都非常压抑。在1年以后，项目失败了，对公司来说，损失非常大，在团队业绩考核的时候，我们团队遇到了麻烦，公司可能将会裁掉一部分人。在接下来的几个月里，人人自危，加上团队关系本来就非常复杂，我每天为这些事情困扰，又怕失业，又希望事情能够做得更好。2004 年 6 月，非常深刻的记忆。有天晚上我失眠了，整个晚上没睡，当时没在意，谁知第 2 天又失眠了，我内心非常害怕，因为以前从没有这样的情况发生，以前如果一个晚上没睡，第 2 天必须会补睡，但是这次情况不一样了，第 3 天还是失眠，接着第 4 天、5 天……失眠变得非常厉害，大概 1 年的时间里，晚上如果没有药物，肯定无法入睡；拉肚子，只要一紧张、焦虑就会拉肚子；性功能障碍；耳鸣；心跳加快；紧张，担心；头晕；脱发；腰痛……

　　焦虑症是一种以焦虑为主的神经症，焦虑是由紧张、不安、焦急、忧虑和恐惧等感受交织组成的心理状态。伴随着焦虑体验，会出现一些生理反应，如心跳加快、血压升高、头晕、颤抖、出汗、尿急等。正常人也会有焦虑，但适宜的焦虑能调动人的身心能量，帮助人去应对客观存在的威胁情境；过度的焦虑或不适当的焦虑会给人们的生活、学习、工作带来困难。焦虑症患者的焦虑与正常人的焦虑情绪反应是不同的：第一，它是无缘无故的，没有明确对象和内容的焦急、紧张和恐惧；第二，它指向未来，似乎某些威胁即将来临，病人自己说不出究竟存在何种威胁或危险；第三，它持续时间很长，如果不积极有效的治疗，可能导致患者难以承受痛苦而选择自杀的极端方式结束生命。焦虑症对患者自身的危害是极其可怕的，正如上述案例的患者，长期无法睡觉，对人的生活、工作影响是巨大的。焦虑症作为心理障碍要以心理治疗为主，并及时给予适当的药物治疗。

　　大学生最可能出现焦虑的事件就是考试焦虑和社交焦虑。尤其是大学一年级时，面对新的环境，会出现种种不适应的情况，大学生应主动自我调适并积极面对。当自己出现焦虑情绪时，不要过于紧张，可以通过转移注意力、找朋友聊天等方式放松。仍得不到缓解时，不可回避，应寻求学校心理咨询老师的帮助，尽快调整不良情绪，避免情况继续恶化。

　　3. 强迫症

案例分享

不停洗手的麦克白夫人

　　莎士比亚的名剧《麦克白》描写了麦克白夫人因杀害国王邓肯而充满恐惧，她虽然洗净了手，但她总觉得她的手上仍沾着死去国王的鲜血，"滚开，该死的血迹！"她尖叫着把不存在的血迹擦了又擦，侍女说："这是她的一个惯常动作，好像在洗手似的，我曾经看了她这样擦了足足有一刻钟的时间。"

　　麦克白夫人患的是典型的强迫症。强迫症的症状特点是患者主观上感到有某种不可抗拒的和被迫无奈的观念，能清楚地认识到强行进行的、自己并不愿意的思想、纠缠不清的观念或行为是毫无意义的，明知没有必要，但不能自我控制和克服，因而感到紧张不安，十分痛苦。

　　强迫症的心理异常表现为强迫观念、强迫意向和强迫行为。

　　（1）强迫观念　表现为脑海里不自主反复呈现某种想法或某句话而影响正常的生活；也可以表现为强迫怀疑，对自己做过的事产生不必要的怀疑，反复确认后仍不放心，如反复锁门、投信时总怀疑自己是否投入信箱等；还可以表现为强迫回忆和强迫联想，如对以前的事

反复回忆并痛苦不堪，看到树就联想到森林、野兽等。

（2）强迫意向　患者常常被一些与正常心理状态相反的欲望和意向纠缠而产生一些可能导致可怕后果的冲动。如到河边就出现想跳下去的意向，拿刀时会出现砍人的意向。

（3）强迫行为　主要表现为强迫计数，不由自主地去数台阶、脚步、楼层、电线杆等，明知无意义仍数；也可以表现为强迫性仪式动作；还可以表现为强迫洗手、洗衣等行为，这多与不洁恐怖或疾病恐怖有关。上述的案例中麦克白夫人的行为就是典型的强迫洗手行为。不仅小说人物有此种情况，我们大学生生活中同样也有此类案例。

案例分享

带三角扳关水龙头的男生

小李是某高校正在上大三的一名男生，他每次去水房用过水龙头后，一定要把水龙头关到一个非常"正"的位置才可以让自己安心，非要让节水阀门的手柄与水管成90度的角度。其实，只要达到80度的角度就可以不漏水了，但是小李很较真。如果没有把这个角度调整为90度，他会花费大量时间来调整，否则就会感到心里不舒服，其他什么事情都不能安心去做。发展到后来，他必须带着三角扳去关水龙头，这让他觉得非常痛苦与不安。

4. 抑郁症

案例分享

自卑抑郁的芳芳

芳芳是一位出生于南方某普通农家的女孩，除了父母之外，家中还有一位大她两岁的姐姐。在父母眼中，芳芳各方面都不如姐姐，经常得到表扬的是姐姐，并且父母经常责备她，芳芳从小一直生活在自卑中。后来，她考上一所普通高校，认识了男友小段。毕业后，芳芳留在了学校本地，但她的男友去了外地工作。与男友的分隔，让芳芳十分郁闷、痛苦，她只有用日记记下自己的心情。在日记中，她描述了自己几个月的状态，"四肢无力、整晚失眠，觉着生活没有希望，不知道该怎么面对未来的生活"。参加工作5个月的芳芳在单位宿舍里结束了自己年轻的生命。

在神经症中，抑郁症的患者比例更高，患者占整个人群的4％。通常表现为个体心中以持久的情绪低落为主，常伴有身体不适、失眠等，心情压抑、沮丧、无精打采，不愿与人交往，感到处处不如意，什么活动都不想参加，什么事也提不起兴趣，甚至悲观厌世，觉得活着没有意思，想以死来寻求解脱。美国国家心理卫生研究所估计，约有15％的患者可能会自杀。

抑郁症在我们身边经常会遇到，如我们羡慕和熟知的许多明星都曾患过抑郁症，如热播电影《滚蛋吧！肿瘤君》的女一号演员白百何表示，因演戏过于投入、进入癌症患者的角色过深，曾在一段时间内陷入抑郁症十分痛苦。中国台湾歌星周华健在患上抑郁症时，曾一度不敢出门。演员陈坤则发展到需要吃药的程度。"阳光男孩"周渝民也自爆称，抑郁症最严重的时候，甚至可以随时去死。陆毅拍《永不瞑目》之后，各种好的坏的评论都有，就像一块石头一样，压得陆毅透不过气来。他说自己已经找不到以后的方向，于是把自己关在家里，天天打电玩、酗酒，不省人事的时候甚至还自残，拿烟缸砸自己的头，还在身上划了一道道的伤痕。白岩松曾坦承，他经历过非常糟糕的失眠，长达一年，体重从80千克降至55

千克。他透露，在患上抑郁症时，天天想的就是自杀。另一位以"冷幽默"著称的名嘴崔永元也曾是严重抑郁症患者，在做客节目时，他提醒大家要重视抑郁症的危害。抑郁症的危害不容忽视，当出现抑郁症状时，应引起自己的重视。

 扩展阅读

抑郁症的六种外部表现

（1）无兴趣；

（2）无希望，对人生持灰色、悲观态度；

（3）无助感，认为没有谁能帮助自己；

（4）无动机，精疲力竭、疲劳、沮丧；

（5）无价值，自认于人于己都无价值，贬低自己，有深刻的内疚心理、后悔和自责感；

（6）无意义，生命本身无意义，活着不如死，期望意外突发事故，严重的甚至认为自杀死去才是解脱。

5. 恐怖症

 案例分享

火车吓哭求职者

收到广州某一公司的面试通知后，某高校毕业生陆远坐上南下的火车。晚上，周围变得十分安静了，只剩下火车的铁轮与车轨摩擦的声音，"轰隆，轰隆，轰隆……"陆远抱紧脑袋，想把这声音挤压下去，可是越想回避，听着声音越刺耳、越难受，他越来越害怕，怕得大哭起来，哆嗦着反复念叨："别打我，别过来……"

陆远的案例在心理学上就是典型的恐怖性神经症，简称恐怖症，即对某些事物或特殊情境产生十分强烈的恐惧感，这种恐惧感与引起恐惧的情境通常极不相称，让人难以理解。患者明知自己的害怕不切实际，但又不能自我控制，恐怖症患者一般女性多于男性。我们经常在电视剧里看到电梯幽闭恐怖症，即电梯遇到故障，突然熄灯停止的时候，这种患者会极度害怕，大喊大叫，有的甚至眩晕，这也是一种恐怖症。

恐怖症分为几种类型：①社交恐怖。这也是大学生最有可能出现的恐怖症。即害怕在众人面前出现，见人时害怕、脸红，又怕被人看见，或认为自己脸红已经被人察觉而焦虑不安；怕与人对视，怕别人看出他表情不自然，或自认为眼睛余光在窥视别人而恐惧不安。因此，他们会回避许多对他们有利的社交场合，因而失去很多重要的机会；也得不到别人的理解，更谈不上及时的治疗；他们明知没有必要害怕，却又无法自制。由于常常受到自己、家人、同学的指责，极容易产生焦虑与抑郁的情绪，随着时间的拖延，还会并发抑郁症、焦虑症，严重时还会出现自杀念头和自杀行为。②旷野恐怖。指经过空旷的地方时恐惧发作，并伴有强烈的焦虑和不安。与这类情况类似的有"闭室恐怖"，即害怕封闭的空间，如电梯间、房间等；"高空恐怖"，即害怕上楼以及登高。此类恐怖症多见于15～35岁之间的女性。③动物恐怖。害怕看见或接触某种动物，如狗、猫、软体毛虫等。④疾病恐怖。患者害怕得某种疾病，如肝炎、癌症。为此与人接触时戴手套，或根本不敢与人接触。此外，还有利器恐怖、不洁恐怖等多种表现。

6. 疑病症

 案例分享

害怕肝炎的小张

张某是某大学三年级学生，在一次和朋友外出玩耍时，朋友请他吃羊肉串，当还有最后一串的时候，朋友提出每人吃两口，于是张同学没有在意，按照朋友的要求吃了羊肉串，当回到学校后，张某忽然记起朋友以前患过肝炎，于是开始担心自己已经被传染，甚至到食堂吃饭都怀疑会被传染肝炎，到后来发展到不敢喝水，多次到当地医院检查肝功能，但就是不相信医院的检查结果，认为也许是医生工作失误或水平不够没有看出自己已经感染了肝炎。对于家人和同学的解释都比较排斥，常常到图书馆找关于肝炎的资料，想证明自己就是肝炎患者，张某自己清楚已经相信医院和检查结果，但是无法控制自己的想法。

疑病症患者怀疑自己患了某种事实上并不存在的疾病，医生的反复解释和客观检查也不能打消他的顾虑。患者极为焦虑，反复陈述自己身体的不良症状，不断要求医学检查，但又无视检查的阴性结果，不相信医生，不停地换医生检查。疑病症患者对自身感觉或征象作出不切实际的病态解释，使其整个身心被由此产生的疑虑、烦恼和恐惧所占据，他们总是极为焦虑。

7. 癔症

 案例分享

撒癔症的贾宝玉

电视剧《红楼梦》里有这样一个镜头：宝玉听说林妹妹走了，突然"不省人事"，说起了胡话，指着条案上的小船说："林妹妹走了，就是坐着这条船走的，你们快去追吧！"按照民间通俗的说法，宝玉这个时候的状态叫做"撒癔症"，心理学上称癔症。

癔症又称歇斯底里症，系由于明显的心理因素如生活事件、内心冲突或强烈的情绪体验、暗示或自我暗示等作用于易感受个体引起的一种病症。多发在青春期，患者以女性居多。其主要症状是自我意识和情感失调，有的呈现昏睡，对外界刺激反应迟钝；有的情感强烈而不稳定，一不如意就大喊大叫、号啕大哭或狂笑不止。大学生的癔症主要是由心理创伤导致大脑机能失调造成的。如，受到惊吓、侮辱、委屈，或要求过高不能达到，以及父母离异与亲属死亡等。

（二）人格障碍

人格障碍的情况十分复杂，根据《中国精神疾病分类方案与诊断标准》，常见的人格障碍有以下类型。

1. 偏执型人格障碍

以猜疑和偏执为特点的人格障碍。主要表现为多疑、敏感、主观报复心强，过分警惕与防卫，易产生病态嫉妒。过分自负，若有挫折或失败则归咎于人，总认为自己正确，从不信任别人的动机和意愿，认为别人存心不良。脱离实际，固执地追求个人不够合理的"权力"或利益。忽视或不相信与自己不一致的客观证据，因而很难通过说理或事实改变其想法。下

面案例中小周同学即为偏执型人格障碍的表现。

 案例分享

不吃饭的小周

小周是某高校二年级学生，他被送进医院时已经三天没吃饭了，他将同学送来的饭菜打翻在地并大骂同学，"你们在饭里下了毒药，吃了后我就都听你们的，把什么秘密都说出来，我不吃"。

2. 分裂型人格障碍

以奇怪反常的观念、行为、外貌装饰、情感冷漠、人际关系明显缺陷为特征。性格明显内向或孤僻；对人比较冷漠，缺少温暖体贴。言语怪异，行为古怪，不修边幅，经常单独活动，主动与人交往仅限于生活或工作中必需的接触，除亲属外没有其他的好朋友。

 案例分享

退学的大一新生

小刚是某高校一年级学生，他刚进校两个月就被学校送回了家，原因是他进大学后从不跟人打交道，总是独来独往，性格很孤僻，有一天他由于迟到受到老师的批评就躲到寝室里不肯去上课，而且还说自己是外星人，连父母都不肯认。

这种分裂型人格在大学生中比较常见，其主要特点是患者的观念、思考、知觉、言语和行为多有各种奇异的表现。他们的观念离奇，具有魔术式思考，众多的迷信禁忌，玄幻的想象，荒唐的推理，意料不到的异端想法层出不穷，让人无法理解。

3. 强迫型人格障碍

以要求严格和完美为主要特征。希望遵循一种他所熟悉的常规，无法适应新的变更。缺乏想象，不会利用时机，做事过分谨慎与刻板。事先反复计划，事后反复检查，不厌其烦。经常被讨厌的思想或冲动所困扰，但尚未达到强迫症的程度，犹豫不决，优柔寡断，因循守旧。常常要求他人根据自己的想法和习惯去行事，在与别人交往中一旦有人干扰了其生活规律就会内心充满矛盾，但却又很少表现出来。

4. 表演型人格障碍

以高度的自我中心、过分情感化和用夸张的言语和行为吸引注意为主要特点。暗示性高，很容易受他人的影响。说话夸大其词，以自我为中心，情感反应强烈易变，完全按个人的情感判断好坏。为了引起别人注意，哗众取宠、危言耸听，或者在外貌和行为方面表现得过分吸引他人。

5. 反社会型人格障碍

这种患者往往漠视、侵犯他人的权利，对人感情冷淡，缺乏正常人之间的关爱；容易发怒，经常发生冲动性的行为。这种人的智力发育正常，但行为未加深思熟虑，也不考虑后果，经常因微小刺激就引起攻击、冲动和暴行，而且对自己的行为不负责任，没有内疚感。临床表现的核心是缺乏自我控制。如2013年，北京发生一起男子摔死婴儿的恶性事件，因婴儿母亲与其发生几句口角，该男子将婴儿举过头顶活活摔死，他的行为具有典型的反社会性。

6. 自恋型人格障碍

这种人自以为了不起，平时好出风头，喜欢别人的注意和称赞。好"拔尖"，只注意自己的权利而不愿尽自己的义务。从不考虑别人的利益，要求旁人都得关注到他的需求，不择手段地占人家的便宜，而不考虑对自己的名声有何影响。这种人缺乏同情心，理解不了别人的感情。

7. 回避型人格障碍

以社交抑制、情感不适当和对负面评价过分敏感为主要表现的一种人格障碍，显著特征是社会退缩。表现敏感羞涩，害怕在别人面前露出窘态。很容易因他人的批评或不赞同而受到伤害。心理自卑，行为退缩，对需要人际交往的社会活动或工作总是尽量逃避。

8. 依赖型人格障碍

以与过分需要照顾有关的服从和依附行为为主要特征的人格障碍，其主要特征就是过度依赖他人，而构成这种自我淡化的原因是对遭遗弃的害怕。其表现为，无独立性，无主见，很难单独进行自己的计划或做自己的事。难以接受分离，当亲密的关系中止时感到无助或崩溃。易受伤害，害怕孤独，害怕被别人遗弃，有无助感。

（三）性心理障碍

性心理障碍又称性变态、性歪曲，是以异常行为作为满足个人性要求的一种心理障碍。其特征是对不引起常人性兴奋的某些物体或情境都有强烈的性兴奋反应，而在不同程度上干扰了正常的性行为方式。许多性心理障碍患者并没有突出的人格障碍，除了单一的性心理障碍表现出来的与一般人的性行为不同之外，并没有其他的人格缺陷。

1. 恋物癖

恋物癖就是迷恋异性穿戴过的贴身内衣物，而且是具有特殊气味或摸起来有特殊感觉的，如女性的内衣、内裤、头巾、丝袜等。有的患者童年时习惯抱着母亲的衣物睡觉，如不及时纠正，长大后易形成恋物癖。对恋物癖尚无特效药，但可施予心理治疗，配合环境教育与约束，能矫正大多数恋物癖者的行为。

2. 异装症

恋物症的一种特殊形式，表现为对异性衣着特别喜爱，反复出现穿戴异性服饰的强烈欲望并付诸行动，并由此引起性兴奋。当这种行为受到抵制时，可引起明显的不安情绪。

3. 露阴症

该症特点是反复多次在陌生异性毫无准备的情况下暴露自己的生殖器，以达到性兴奋的目的，有的继以手淫，但无进一步性侵犯行为施加于对方。该症几乎仅见于男性。患者个性多内向，露阴之前有逐渐增强的焦虑紧张体验。时间多在傍晚，并与对方保持安全距离，以便逃脱。当对方感到震惊、恐惧或耻笑、辱骂时，能体验到性的满足。情景越惊险越紧张，他们越感到刺激，性满足也越强烈。

4. 窥阴症

一种反复多次地以窥视他人性活动或亲昵行为或异性裸体作为自己性兴奋的偏爱方式，有的在窥视时手淫，或在事后通过回忆手淫，达到性满足。他们往往非常小心，以防被窥视者发现。窥阴症以男性多见，但他们并不企图与被窥视者性交，除了窥视行为本身之外，一般不会有进一步的攻击和伤害行为。他们并非胆大妄为之徒，多不愿与异性交往甚至害怕女人，与性伴侣的活动难以获得成功。

5. 摩擦症

指男性在拥挤的场合或乘对方不备伺机以身体的某一部分摩擦和触摸女性身体的某一部分，以达到性兴奋之目的。摩擦症患者没有暴露生殖器的愿望，也没有与摩擦对象性交的要求。

6. 性施虐症与性受虐症

在性生活中，向性对象同时施加肉体上或精神上的痛苦，作为达到性满足的惯用和偏爱方式者为性施虐症；相反，在性生活的同时，要求对方施加肉体或精神上的痛苦，作为达到性满足的惯用与偏爱方式者为性受虐症。

第二节　海乘心理障碍的常见类型及行为偏差

海上不同于陆地，海乘长期生活在这种特殊的环境中，与家人、朋友长期分离，需要承受离家思念之苦；船上空间狭小、信息闭塞，业余生活单调，日常生活经常体验的感觉、知觉严重匮乏，这种感觉、知觉负荷不足的心理状态发展下去，有可能导致出现紧张疲劳、寂寞、焦虑、抑郁、恐慌或情绪紧张过度等心理应激现象。由于探亲、休假和人员调动等原因，每一个航次都有约15％的新成员加入，使海上工作人员之间比较生疏，心理沟通与情感交流较少，长期孤独易导致心理退缩；加之航行过程中经常面临许多不确定危险因素（如风暴袭击、船舶碰撞、突发火灾、疾病传染等）的刺激，应激源多，工作压力大，久而久之，易引起海乘的心理障碍或精神性疾病。有调研表明，我国海乘产生心理障碍的可能性明显高于正常人群。

一、焦虑症

焦虑症是一种以焦虑为主的神经症，常常伴有不同程度的躯体反应，如头晕、心悸、口干、呼吸困难、尿频、尿急等。适宜的焦虑能调动人的身心能量，帮助人去应对客观存在的威胁情境；过度的焦虑或不适当的焦虑，给人们的生活、工作带来困难。当有焦虑症倾向时，应及时发现并寻求外界帮助以及时地得到治疗。

焦虑症是海乘常见心理障碍之一，具体分析有以下几个方面的原因。

一是对海乘职业期望过高。许多海乘专业大学生在心中将海乘美化或想象成空乘，对海乘职业憧憬得过于美好。如认为，海乘可以像空乘一样，每天打扮漂亮，轻松愉快地从事简单的工作；可以在船靠岸时，去各个不同国家、地区游玩等。海乘的确是相对于空乘的一种说法，但它与空乘的区别较大。海乘的正规称呼为邮轮乘务员。在邮轮上工作的非航海驾驶部门的所有工作人员统称为邮轮乘务员，简称海乘。通俗地讲，即为在海上邮轮工作的服务员。一些国际化的大公司，如皇家加勒比国际游轮有限公司，为喜欢享受豪华舒适的海上和沙滩度假的游客，提供一种超大型超豪华的海上交通和娱乐场所——邮轮，而海乘就是被这些国际邮轮公司聘为员工，从事在邮轮上为游客提供高质量的服务的职业。对于大学生而言，从事海乘工作是机遇与挑战并存。他们可以与不同国家的人打交道，可以去不同国家或地区体验不同的风土人情，开阔自己的视野。除此之外，还可以获得练习英语口语的机会，可以赚到一笔钱等。但与此同时，我们应看到海乘这一职业的挑战，如如何适应海上的物理环境及船上单调的生活、如何面对繁琐的工作。任何事物都具有两面性，不能只看美好的一面而忽视需要承受的不美好方面。如果过于美化海乘职业，未能认识到另外一面，当真正走入工作岗位时，会形成巨大的心理落差而无法调适，容易导致焦虑不安、抑郁、烦躁等不良情绪，加之身体的不适应，可能导致焦虑症的出现。

二是航运的特殊环境导致。航运环境与地面环境有较大差别，大多数海乘在航海中的焦虑情绪高于航行前，航行后期焦虑状态更进一步加重，同时出现轻度抑郁状态，以学历高、工作年限长、未婚者较明显。航运环境不仅包括物理环境，还包括人际生活环境。航行时，船舶长时间地摇晃与震动可以加剧对人体感觉器官的刺激，易使人产生恶心、呕吐、眩晕、疲劳、注意力不集中等症状；船舶的机械噪声强度较大，能引起人体应激反应，干扰休息与睡眠，可导致植物神经功能失调及各器官系统的病变，易使人焦躁、烦乱、心神不安等；不断变化的地域气候与时差的影响，极大地干扰了海乘机体的生物节律，使神经系统和机体各器官系统的正常工作节奏不断变化，易造成机体和心理疲劳，直接影响其身心健康状况。在船上生活，交往对象狭窄且变化较大，缺少知心朋友，缺少异性交往等。若性格内向或缺乏社交技巧，容易产生"局外人"的心理。而且与家人长期分离，不少人往往要半年、一年、甚至更长的时间才能回家。从上船的那一刻起便同社会、家庭处于一种相对的隔绝状态。夫妻长期分居，离多聚少；船员照顾不了老人、妻子和孩子；老人生病不能服侍、过世无法为其送终；子女入托、上学、升学、工作等，全靠妻子一人张罗；常年劳累，配偶的健康状况也甚堪忧。诸如此类问题给其思想上、感情上带来很大压力。联系不便，加之工作任务繁重，容易出现情绪波动，内心焦虑不安。

当出现焦虑症倾向时，应寻求专业心理工作者的帮助。一般而言，对焦虑症常见的心理治疗方法如下。

（1）放松疗法。通过一些训练教会他们进行自我放松。同时还可以与脱敏疗法结合使用，效果更佳。在进行放松训练前，先让患者将产生焦虑的情境从弱到强排列，然后在心理医生的帮助下，从弱到强进行应激治疗，要反复进行直到患者在任何可以使他产生焦虑的情境下都不再感到焦虑为止。

（2）支持疗法。自信心不足是焦虑症的根本，因此，让患者建立自信是治疗焦虑症的关键。有许多治愈的患者表示，"积极地生活在现实中，一定要相信这个病是可以治疗的，有自信心是非常重要的"。要让让患者自己树立自信，正确认识自己，相信自己有处理各种问题的能力。

（3）分析治疗。有些焦虑是患者经历过的情绪体验和欲望被压抑到潜意识中去的结果。因此，必须通过心理医生帮助患者分析焦虑产生的深层次的原因，把导致焦虑的真正原因找出来，从而达到治疗的目的。

（4）治疗焦虑还应鼓励患者运用转移注意力的方法，如体育运动、旅游等结合治疗。

心理测试

焦虑症自测量表（SAS）

填表注意事项：此量表共 20 个项目，请仔细阅读每一项，把意思弄明白，然后根据你最近一星期的实际情况在适当的方格里划"√"。测量表分为 4 级评分，主要评定项目所定义的症状出现的频度，其标准为：A. 没有或很少时间；B. 小部分时间；C. 相当多时间；D. 绝大部分或全部。

症 状	A	B	C	D
1. 觉得比平常容易紧张和着急	1	2	3	4
2. 无缘无故地感到害怕	1	2	3	4
3. 容易心里烦乱或觉得惊恐	1	2	3	4
4. 觉得可能要发疯	1	2	3	4
5. 觉得一切都很好，也不会发生什么不幸	1	2	3	4
6. 手脚发抖打颤	1	2	3	4
7. 因为头痛、头颈痛和背痛而苦恼	1	2	3	4
8. 感觉容易衰弱和疲乏	1	2	3	4
9. 觉着心平气和，并且容易安静地睡着	1	2	3	4
10. 觉得心跳得很快	1	2	3	4
11. 因为一阵阵头晕而苦恼	1	2	3	4
12. 有晕倒发作，或觉得要晕倒似的	1	2	3	4
13. 吸气呼气都感到很容易	1	2	3	4
14. 手脚麻木和刺痛	1	2	3	4
15. 因为胃痛和消化不良而苦恼	1	2	3	4
16. 常常要小便	1	2	3	4
17. 手常常是干燥温暖的	1	2	3	4
18. 脸红发热	1	2	3	4
19. 容易入睡并且睡得很好	1	2	3	4
20. 做噩梦	1	2	3	4

计分：将 20 个项目的得分相加即得到总分，总分乘以 1.25 取整数，即得标准分，分值越小，症状越轻。分界值为 50，总分越过 50 分者可考虑有明显焦虑倾向。

二、抑郁症

国内某些研究结果表明：海上工作人员远航前期未发现抑郁状态，后期出现较多的抑郁状态。抑郁症也是海乘最常见的心理障碍之一，是一种以持久的心境低落为主要特征，并伴有焦虑、空虚感、躯体不适和眨眼障碍的神经症。主要表现为：①自己感觉心情压抑、沮丧、忧伤、苦闷等；②对日常活动兴趣减退；③对前途悲观失望；④遇事往坏处想；

⑤懒散，精神不振，脑力迟钝；⑥自我评价下降；⑦不愿主动与别人交往，但被动接触良好；⑧有想死的念头，但内心充满矛盾、烦躁、易激怒；⑨自认为严重，但又想治好，要求治疗。

海乘出现抑郁症的主要原因与上述的焦虑症类似，尤其是与航运的特殊环境紧密相关。除此之外，与个人的性格特点有一定的相关性。航海工作危险、复杂，来自各方面的应激甚多，需要良好的心理素质。性格内向、心理承受能力较弱的人，则更容易出现心理障碍。抑郁症患者由于情绪低落，悲观厌世，严重时很容易产生自杀念头。由于患者逻辑基本正常，实施自杀的成功率也较高，所以及早发现并及早治疗，对抑郁患者是非常重要的。

对抑郁症的治疗，常用的心理治疗方法如下。

（1）行为治疗 尽可能多地让患者从自己的世界中走出来，关注自身之外的世界，比如，参加体育锻炼、社交活动，结伴出去旅游，听听音乐等，通过这些活动来缓解内心的压抑、郁闷，达到改变心境的目的。

（2）理性情绪疗法 部分大学生患抑郁症是由于对自身要求过高、不满意自己当前的状态，因此要改变他们的不良认知，使他们对自身形成一个全面、合理的认识，增强自尊心，树立自信心。

预防抑郁症的要诀

（1）善于营造快乐的心情 作为大学生，学会对人对事的态度因地制宜，"人比人，气死人"，不要拿自己的生活与别人相比，反复体验生活中的美好时光，停止后悔，因为那是昨天或过去的事，给自己建立一个功过簿，增强自信。要尽量拓展自己兴趣的范围，经常与精力旺盛又充满希望的人交朋友。

（2）注意与人沟通，把你的感受说给别人听 无论老师、同学还是家人、朋友，他们的关心，都有赖于你的回应。也许谈论与疾病有关的不适或内容有些为难，但他们是你能够信赖的人，主动与之交流，可以得到他们的支持，而且他们还能够给你一些很好的建议，与你一起共渡难关。

（3）培养规律的生活习惯，学习一些放松的技巧 保证充分睡眠可以使你更有活力、更有信心、压力减轻。定期的运动锻炼，如散步、慢跑、游泳等可以舒缓压力、增加活力、改善睡眠和放松心情。选择健康的食物，可以保持最佳的感觉，如蔬菜、水果及低脂食物等。应避免糖类、油炸及高脂饮食。

抑郁症自测量表

填表注意事项：此量表共20个项目，请仔细阅读每一项，把意思弄明白，然后根据你最近一星期的实际情况在适当的方格里划划"√"。该测量表分为4级评分，主要评定项目所定义的症状出现的频度，其标准为：A. 没有或很少时间；B. 小部分时间；C. 相当多时间；D. 绝大部分或全部。

表　　现	A	B	C	D
1. 我觉得闷闷不乐,情绪低沉	1	2	3	4
2. 我觉得一天之中早晨最好	1	2	3	4
3. 我一阵阵哭出来或觉得想哭	1	2	3	4
4. 我晚上睡眠不好	1	2	3	4
5. 我吃得跟平常一样多	1	2	3	4
6. 我与异性密切接触时和以往一样感到愉快	1	2	3	4
7. 我发觉我的体重下降	1	2	3	4
8. 我有便秘的苦恼	1	2	3	4
9. 我心跳比平时快	1	2	3	4
10. 我无缘无故地感到疲乏	1	2	3	4
11. 我的头脑跟平常一样清楚	1	2	3	4
12. 我觉得经常做的事情并没有这么困难	1	2	3	4
13. 我觉得不安而平静不下来	1	2	3	4
14. 我对将来抱有希望	1	2	3	4
15. 我比平常容易生气激动	1	2	3	4
16. 我觉得作出决定是容易的	1	2	3	4
17. 我觉得自己是个有用的人,有人需要我	1	2	3	4
18. 我的生活过得很有意思	1	2	3	4
19. 我认为如果我死了别人会生活得好些	1	2	3	4
20. 我平常感兴趣的事现在仍然照样感兴趣	1	2	3	4

计分：将 20 个项目的得分相加即得到总分，总分乘以 1.25 取整数，即得标准分，分值越小，症状越轻。分界值为 50，总分越过 50 分者可考虑有明显抑郁倾向。

三、强迫症

强迫症是患者的某些观念或行为似乎不受自主意志支配，尽管他们违反自己的意志，却仍然身不由己地重复出现。强迫症的特点是自我强迫和自我反强迫同时存在，患者明知没有必要，但又无法控制，两者的冲突导致紧张不安和痛苦。

海乘在封闭单调的环境生活，容易出现强迫症的心理障碍。有人形象地描述海乘的生活与工作是"被关在铁笼子里去逛大世界"。这是从事远航工作的人与陆上工作人员的明显不同。当海乘被封闭在船上狭小空间里的时候，会感到沉闷和压抑。如果是在陆地上，人们可以自由出入，便不会清楚地感到存在着外界广阔和居室狭小的巨大反差。可是，一方面，他们以陆上行动的广阔自由度作为参照系来衡量现实船上生活的狭小活动空间和受限的活动自由度，相比之下，就自然会产生压抑感；另一方面，以广阔的大海、异国风情作为对照性因素来衡量现实中的狭小船舱，就自然地会产生被关在笼中的感受。经过这样的主观认知评价，容易引发不良情绪反应，如焦虑、过度依赖、失助感、抑郁、愤怒、敌意及自怜。不良情绪的积累，加之船上业余活动枯燥乏味、生活和工作环境单调、应激源多、工作压力大、精神紧张等因素容易出现某种强迫行为，如有些海乘对自己做过的事情总不放心，总是反复去做，形成强迫症。有研究调查表明，中国海员主要的心理问题为强迫症状、人际关系、抑郁和偏执。海乘与海员工作的大环境有高度的相似性，其心理问题必然具有一致性。

"森田疗法"是目前治疗强迫症很有效的一种心理治疗方法。该疗法主张患者接受自己的症状，顺其自然。疗法的核心理念是八个字，"顺其自然，为所当为"，具体可分为三个方面：①帮助患者消除各种脱离实际、没有意义的恐惧心理，使患者认识到其害怕是完全不必要的；②患者不要去注意谈论那些症状，相反要带着症状去进行正常的生活、学习；③指导患者要接受自己的症状，而不要试图去排斥它。实际上，只要患者真正去做，症状很快便可消除。

四、偏执型人格障碍

众多研究表明，船上工作人员主要的心理障碍之一就是偏执型人格障碍。这与船上人员所处的封闭的生活环境、繁重的工作任务、单调的业余生活、与亲人长期分开的焦虑等密切相关。偏执型人格障碍患者多疑敏感、固执、没有安全感，以自我为中心，总是坚持毫无根据的怀疑，把自己的错误或不慎产生的后果归咎于他人。因此，他们也无法与周边的人和睦相处，人际关系十分紧张，大家对他们也避而远之。

对偏执型人格障碍的治疗以心理治疗为主，以克服多疑敏感、固执、不安全感和自我中心的人格缺陷。主要有以下几种方法。

（1）认知提高法　由于具有偏执型人格的人对别人不信任、敏感多疑，不会接受任何善良忠告，所以首先要与他们建立信任关系，在相互信任的基础上交流感情，向他们全面介绍其自身人格障碍的性质、特点、危害及纠正方法，使其对自己有一个正确、客观的认识，并自觉自愿产生要求改变自身人格缺陷的愿望，这是进一步进行心理治疗的先决条件。

（2）交友训练法　鼓励他们多参加社交活动、多参加交友活动，在交友中学会信任别人，消除不安感。

（3）自我治疗　具有偏执型人格的人喜欢走极端，这与其头脑里的非理性观念相关联。因此要改变偏执行为，偏执型人格患者首先必须分析自己的非理性观念，如世界上没有好人，我只相信自己，谁都不值得信任。

（4）敌意纠正法　偏执型人格障碍对他人和周围环境充满敌意和不信任感，采取以下训练方法，有助于克服敌意和对抗心理。

首先，经常提醒自己不要陷于"敌对心理"的漩涡中。事先自我提醒和警告，处世待人时注意纠正，这样会明显减轻敌意。

其次，要懂得只有尊重别人，才能得到别人尊重的基本道理。要学会对那些帮助过自己的人说感谢的话，而不要不疼不痒说一声"谢谢"，更不能不理不睬。

第三，要学会向你认识的所有人微笑，可能开始时你很不习惯，做得不自然，但必须这样做，而且要努力做好。

第四，要在生活中学习忍让和有耐心。现实社会生活非常复杂，我们生活在其中，冲突纠纷和摩擦是难免的，这时必须忍让和克制，不能让敌对的怒火使自己晕头转向，肝火旺盛。

五、性心理障碍

由于邮轮上工作人员性别相对单一，在邮轮上工作，与家庭长期分离，与异性的正常交往或性生活得不到满足，使大多数人具有明显的"性饥饿"感，且时常受国外不良生活习气的影响，缺乏良好的心理疏导和治疗。他们为了满足性生理和心理的欲望以达到缓解"性饥饿"感的目的，千方百计寻找性刺激，久而久之，可能使其性心理产生偏移，出现性心理障碍，尤其以男性居多，男女比例约为 3：1。

随着邮轮旅游业的发展，海乘心理健康问题引起人们的关注与重视。海乘心理健康的维护需要多方的通力合作。就邮轮公司而言，应丰富海乘的业余生活，鼓励和帮助海乘工余时间发展正当的个人兴趣和爱好。尽可能的因地制宜地开展船上的体育锻炼和文娱活动，以调节船员的身心，减缓应激和疲劳，促进生理和心理疲劳的恢复。充分发挥船上工会的职能，采取有效措施完善俱乐部，尽可能满足海乘的体育锻炼和人际交往的需要，培养他们更多更好的兴趣和爱好，丰富他们的业余生活，尽量减少性心理障碍出现的机率。

海乘本人应正视自己的职业，热爱这份职业，而非仅仅当作谋生、赚钱的途径，应在事业上寻找乐趣，在生活中调剂精神。海乘应拥有主人翁精神。现在不少人把自己看作打工仔，上船是给老板打工，缺少职业道德和主人翁精神。其实每一个船舶好比一个企业，每个海乘都是其中的一分子，应拥有这种主人翁精神：我是这艘船的船员，这艘船是我们的船，唯有如此才会爱自己的船，愿意竭尽全力与船上其他人同舟共济。

海乘应坚持锻炼身体，这不仅是身体素质上的提高，也能提升自己的心理素质。每天适度的体育锻炼有助于身心健康，使精神振奋，充满活力。此外，琴棋书画、音乐、摄影等高雅的兴趣爱好，在船上依然可行，这些活动能使船员的心境清澈，心情放松，对缓解压力、改善心情帮助很大。

善于倾诉心中苦闷，提高沟通能力。一个心理健康的人能用理智驾驭感情，但要每时每刻都要保持良好的心境很难，特别是海乘这种特殊的职业。人的情绪不断累积得不到发泄释放，有害身心健康。海乘应敢于将自己的情绪合理地宣泄出来，但不是发牢骚、讲怪话、迁怒他人，以至于影响船上团结或发泄于工作中给船舶安全带来隐患。包容、沟通、守望相助、相互谅解和谐的船舶氛围非常关键。独处是一门艺术，能让人摆脱世俗的纷扰，享受内心的宁静。"淡泊以明志，宁静以致远"。海乘学会独处这门艺术可以增强在特殊职业环境下对职业的适应力。现代医学也证明：安静能使人产生冥想，冥想能使人的内分泌系统和植物神经系统处于最有利健康的状态。

推荐书目

[1] ［美］达菲. 心理学改变生活. 第 8 版. 张莹，等译. 北京：世界图书出版公司，2006.
[2] 张德芬. 活出全新的自己. 长沙：湖南文艺出版社，2012.
[3] ［美］M. 斯科特. 派克著. 少有人走的路：心智成熟的旅程. 于海生译. 北京：中国商业出版社，2013.

本章小结

心理障碍，又称心理异常，通常是指由不良刺激引起的心理功能失调，主要反映一个人在发展和适应上的困难，是心理问题中的一种。从心理健康到心理不健康状态，可以将心理问题划分为四个等级，分别是心理健康状态、心理困扰状态、心理障碍、心理疾病。不可以将心理困扰看作心理障碍，亦不可将心理障碍等同于心理疾病。

心理障碍本身极其复杂，常见的心理障碍类型有神经症、人格障碍、性心理障碍。其中，神经症包括神经衰弱、焦虑症、强迫症、抑郁症、恐惧症、疑病症及癔症七种类型；人格障碍有偏执型、分裂型、强迫型、表演型、反社会型、自恋型、回避型及依赖型八种类型；性心理障碍有恋物癖、异装癖、窥阴癖、露阴癖、挨擦癖及施虐癖与受虐癖等。

海乘长期生活环境的特殊性，导致我国海乘出现心理障碍的可能性明显高于正常人群。其中，最为常见的有焦虑症、抑郁症、偏执型人格障碍及性心理障碍。

思考题

1. 在大学生中，常见的心理障碍类型有哪些，分别有怎样的行为表现？
2. 当自己出现抑郁或焦虑的情绪时，应该怎么进行自我调整？
3. 若身边出现有心理障碍患者，我们应该怎么办？
4. 海乘人员常出现哪些心理障碍，出现这些障碍的主要原因是什么？

第六章

海乘对应激事件的应对 ≪≪≪≪≪≪≪

📖 **本章导读**

　　海乘在航行中面临着搏风斗浪和寂寞孤独，另外噪声、时差等因素都会经常给海乘心理造成过度负荷，而心身关系的紊乱会进一步导致心身疾病的产生，特别是由海难或海损事故的强烈心理冲击所造成的急性心理应激更会使身体造成应激性的损伤。所以面对种种心理应激因素，要尽可能地做到提前预防，做最佳的事中处理以及事后的弥补和心理调节。这包括调节认知、调节行为、调节心身关系和精神状态。另外还可采用放松疗法或生物反馈疗法进行治疗调整。

📖 **学习目标**

　　目标一：了解心理应激的概念；
　　目标二：掌握海乘应激事件的应对。

第一节　应激与健康的关系

一、应激概述

（一）应激

　　应激是机体在各种内外环境因素及社会、心理因素刺激时所出现的全身性非特异性适应反应，又称为应激反应。这些刺激因素称为应激源。应激是在出乎意料的紧迫与危险情况下引起的高速而高度紧张的情绪状态。应激的最直接表现即精神紧张，指各种过强的不良刺激，以及对它们的生理、心理反应的总和。

（二）应激源

应激源（Stressor）是指引起应激的刺激因素，社会、自然及心理、生理变化都可以成为应激源。应激源的分类方法有很多种，按应激源的内容可分为三种，分别是环境应激源、职业性应激源和心理性应激源。

1. 环境应激源

环境应激源（Environmental Stressor）指作用于人的肉体、直接产生刺激作用的刺激物，包括自然环境应激源和社会文化性应激源。

（1）自然环境应激源　指各种特殊环境、理化和生物学刺激物。

（2）社会文化性应激源　包括个人生活中的重要事件、日常琐事、重大社会变故、文化冲突等因素。

2. 职业性应激源

职业性应激源（Occupational Stressor）特指与工作有关的应激源，它常常由于个体与工作岗位要求不相匹配而引起。当然，人际关系障碍、组织激励机制、组织结构也是重要的应激源。

3. 心理性应激源

心理性应激源（Mental Stressor）主要指发端于个体头脑内的事件，比如：不切实际的预测、凶事预感、心理冲突和挫折等。

（1）挫折（Frustration）　挫折是指由于各种障碍而不能达到目的或趋向目标的进程受阻或被延搁的情况。挫折程度与受阻动机的强度、急迫性或重要性有关。重复不断的挫折会产生累积效应，并因为一次小挫折而暴发，做出意外的攻击行为。根据造成挫折的原因不同，分为外部挫折和个人挫折。

（2）心理冲突（Mmental Conflict）　心理冲突是相互对立或排斥的目的、愿望、动机或反应倾向同时出现时引起的一种心理状态。引起心理冲突的刺激或境遇称作"冲突情境"。在日常生活中，最常见而又最难解决的动机冲突有：独立与依赖、亲近与疏远、合作与竞争、冲动表达与社会道德准则。人的基本冲突有趋—趋冲突、避—避冲突、趋—避冲突和多重趋—避冲突。例如海乘刚上船时有非常不适应的感觉，心理上会有和亲朋好友的脱离感，备感失落和无助。

二、心理应激与健康

（一）心理应激的定义

根据过程模型，心理应激可以被定义为：个体在应激源作用下，通过认知、应对、社会支持和个性特征等中间因素的影响或中介，最终以心理生理反应表现出来的作用"过程"。

根据系统模型，心理应激可以被定义为：个体的生活事件、认知评价、应对方式、社会支持、人格特征和心身反应等生物、心理、社会多因素构成相互作用的动态平衡"系统"，当由于某种原因导致系统失衡时，就是心理应激。

医学心理学将心理应激定义为：个体在觉察（认知评价）到威胁或挑战、必须做出适应或应对时的身心紧张状态。

 **扩展阅读**

　　在感受剥夺状态下，或在一些异常单调的工作环境中，人所承受的心理负荷非常低下，但是也会发生心理应激。在现代化水平较高、电脑自动控制、卫星导航的游轮上工作的海乘，所面临的最大心理应激因素不是紧张和激烈的袭扰，而是孤独和寂寞的困惑。特别是重复单调工作程序的海乘工作人员，他们的工作似乎很轻闲，但许多研究表明，这些工作人员也会出现某些应激反应。必须看到，这类工作责任重大，心理负荷也大，因此不能简单地归入低负荷的情况。

（二）心理应激与健康

　　心理应激可以消除单调、厌烦的情绪，提高生活与工作的乐趣。因此在日常生活中常可见到人们主动地寻求紧张性刺激。例如参加各种充满紧张性的比赛，或从事某些冒险活动，还有不少人通过阅读惊险小说和观看电影电视等以获得替代性的冒险体验。当然，这些活动必须以不损害他人和社会为准则，此外还要看个人耐受紧张刺激的能力。否则不仅危害社会，而且还会损害个人的健康。

　　心理应激对人健康的消极影响是它的主要方面。心理应激会引起一系列的心理和生理反应，这些反应如果比较强烈，就会以临床症状和体征的形式出现，并成为人们身体不适、虚弱、精神疾病的根源和就医寻求帮助的原因。由于应激的心理和生理反应有着较大的个体差异，因此，临床表现也不尽相同。这里只谈谈最常见的一些临床表现。

　　急性焦虑反应的主要特征包括极端不安、烦躁、心慌和改变换气等症状。当事者往往以为自己得了重病，为此极为忧虑，情绪反应强烈，相反又会加重躯体症状，以致形成恶性循环。如果得不到医生的正确诊断、处理和情绪支持，常常会导致生活能力的丧失或者造成某些躯体和精神疾病。

　　血管迷走反应发生于急性事故、伤害和剧烈疼痛与严重的情绪紊乱后。典型特点是软弱、头晕、出冷汗，之后是意识丧失。这些症状的产生是由于迷走神经的过度激活造成血管扩张、心率减慢、心输出卒和血压下降，从而造成脑血流量急剧减少的缘故。

　　此外还有紧张性头痛、胃并癌症、抑郁性神经症、恐怖症等情感障碍和精神分裂症的表现。腹泻、便秘以及强迫行为。

 **扩展阅读**

生活应激事件量表

　　美国华盛顿大学医院精神病学家 Holmes 等对 5000 多人进行社会调查，把人类社会生活中遭受到的生活危机（Life Crisis）归纳并划分等级，编制了一张"生活事件心理应激评定表"（表 6-1）。该评定表列出了 43 种生活变化事件，并以生活变化单位（Life Change U-nits，LCU）为指标加以评分。他们在一组研究中发现 LCU 与 10 年内的重大健康变化有关。

表 6-1　生活事件心理应激评定表

变化事件	LCU	变化事件	LCU
1. 配偶死亡	100	23. 子女离家	29
2. 离婚	73	24. 姻亲纠纷	29
3. 夫妇分居	65	25. 个人取得显著成就	28
4. 坐牢	63	26. 配偶参加或停止工作	26
5. 亲密家庭成员丧亡	63	27. 入学或毕业	26
6. 个人受伤或患病	53	28. 生活条件变化	25
7. 结婚	50	29. 个人习惯的改变(如衣着、习俗交际等)	24
8. 被解雇	47	30. 与上级矛盾	23
9. 复婚	45	31. 工作时间或条件的变化	20
10. 退休	45	32. 迁居	20
11. 家庭成员健康变化	44	33. 转学	20
12. 妊娠	40	34. 消遣娱乐的变化	19
13. 性功能障碍	39	35. 宗教活动的变化(远多于或少于正常)	19
14. 增加新的家庭成员(如出生、过继、老人迁入)	39	36. 社会活动的变化	18
15. 业务上的再调整	39	37. 少量负债	17
16. 经济状态的变化	38	38. 睡眠习惯变异	16
17. 好友丧亡	37	39. 生活在一起的家庭人数变化	15
18. 改行	36	40. 饮食习惯变异	15
19. 夫妻多次吵架	35	41. 休假	13
20. 中等负债	31	42. 圣诞节	12
21. 取消赎回抵押品	30	43. 微小的违法行为(如违章穿马路)	11
22. 所担负工作责任方面的变化	29		

　　生活变故的人群中，37%有重大的健康变化；有重大生活变故者中，70%呈现重大健康变化。Holmes 等提出，LCU 一年累计超过 300，则预示今后 2 年内将有重大的病患；后来又进一步提出，若一年 LCU 不超过 150，来年可能是平安的；LCU 为 150～300，则有 50% 的可能性来年患病；LCU 超过 300，来年患病的可能性达 70%。1976 年，他们报道：根据回顾性和前瞻性调查表的结果显示，心脏病猝死、心肌梗死、结核病、白血病、糖尿病、多发性硬化等与 LCU 升高有明显关系。心理上丧失感（Feeling of Loss）的心理刺激，对于健康的危害最大。这种丧失感可以是具体的事或物，例如亲人死亡等；也可以是抽象的丧失感，例如工作的失败等。其中，尤以亲人（如配偶）丧亡的影响最大。有些研究工作者指出，丧失或亲人的丧亡能引起个体一种绝望无援（Helplessness）、束手无策的情绪反应，此时个体不能从心理学和生物学上来应付环境的需求。在这一方面，已经作了许多调查研究。如有人对新近居丧的 903 名男性作了 6 年的追踪观察，并与年龄、性别相仿的对照组进行比较。结果表明，居丧的第一年对健康的影响最大，其死亡率为对照组的 12 倍，而第二、三年的影响已不甚显著。另有研究发现，中年丧偶者与同年龄组相比，对健康的影响更为明显。有一调查还发现，不仅是配偶死亡，子女或其他近亲的死亡对健康也有相当大的影响，一年内的死亡率为对照组的 5 倍。当然生活变故对于不同个体的影响不会是等同的。

第二节　海乘的应激反应

虽然在任何一种工作环境或生活环境之中生存都无法避免心理应激的产生，但是，海乘所承受的心理应激压力要远远高于陆上的类似专业工作人员所承受的心理应激压力。

通过调查研究发现，海乘的心理应激因素的作用不仅表现为行进性和持续性，还常表现为突发性和潜在性。平静而正常的航行过程中，海乘承受的应激性事件甚至低于陆上港口工作人员平均承受应激事件的水平，但一当遇到险情，应激作用陡然上升，这样必然使海乘的心理遭受到更加强烈的冲击。

1966 年，Zom 通过对海乘脉搏、内压、体温、汗液分泌和血液进行生物化学检验，观察了不同类型舰艇海乘工作环境因素（气候、噪声等）对这些项目的影响，他发现这种影响是相当普遍的。

1969 年，Dolatkonkl 用心理测试方法调查了航海中的应激因素对海乘心理、生理状况的影响，他发现海乘出现反应迟缓和误差增多的趋势。这说明，应激因素不仅一方面影响海乘的心身健康，另一方面也造成心理失误从而引发事故。

心理应激与人的健康有密切的联系，既可以产生积极的促进性影响，又可以产生消极的破坏性影响。海乘的生活正好是呈两个极端性变化，即在平时，风平浪静，生活单调而又寂寞，缺乏心理应激对人积极性的提高，长期在这种状态下生活，人的应对生活变化事件的能力下降，同时也使人生理活动水平下降。

心理应激主要来源于其工作的特殊环境压力，要彻底消除应激不仅不可能，而且没必要，因为如前所述，适当的应激可以促使工作更好地完成和自身效能的充分发挥。海乘心理应激因素的消除问题主要是指消除那些对海乘心身健康有较严重影响的因素，或精确地说是消除心理应激所造成的后果。对客观存在的应激源的消除，要仰赖于历史的发展和科学的进步，以及社会观念的变革、人们共同奋斗的成果。比如，卫星通信的实现，可以使海乘与亲眷之间保持较多的联系，但是，要从根本上避开大的应激，除非总停留在港口中，实际上就是回到陆地生活和工作，也无法根本回避应激。

一、海乘的应激性因素

海难是海乘航海风险中最可怕的应激因素。近年来，海难事故时有发生。2008 年 6 月 21 日，载有 862 人的菲律宾"群星公主"号渡轮遭遇台风"风神"于当日在菲中部朗布隆省附近海域倾覆，仅 50 多人生还。2012 年 1 月 13 日，载有四千多名乘客的歌诗达"协和号"在意大利海岸搁浅，大量海水随即涌入船体，导致邮轮侧倾。该船是在驶离罗马附近港口奇维塔韦基亚仅几小时后发生事故的。当时船上有 4232 名乘客，其中至少有 32 人死亡，包括 4 名乘客和 1 名海乘。2012 年 10 月 1 日晚 8 时 15 分，中国香港"南丫四号"离开南丫岛，计划接载同事前往维港海域，观赏当晚 9 时开始的国庆烟花汇演。开船约 5 分钟，遭"海泰号"拦腰撞击。"南丫四号"上当时有 124 人，而"海泰号"船上有数十人，事故造成 38 人死亡。2014 年 4 月 16 日上午 7 时 58 分许，一艘载有 459 人的"岁月号"客轮在全罗南道珍岛郡屏风岛以北 20 千米海上发生浸水事故并沉没。

海难的发生一方面是来源于自然的力量，另一方面则是来源于人的心理素质。据相关资料表明，当船舶遇到大风大浪时，因海员心理紧张而操纵船舶不当，导致船舶进水、倾覆或沉船的事故占27％；当船舶遇到雾或降水天气时，因海员情绪低落导致疏忽而造成的事故占33％。不良气候对于训练有素的海员尚是如此，对于海乘也是一种应激性因素。在冬季，海上风和浪较大，会使船舶颠簸不已，从生理的角度看，大多数海乘在不同程度上表现出不适的晕船状态，如胸闷、恶心、呕吐等症状；从心理的角度看，大多数海乘在不同程度上表现出紧张或烦躁不安，尤其是在夜晚值班时，这种不安的情绪表现得更加突出，因为此时海乘的感知能力受到一定程度的限制。在春季，海上雾和雨增多，人的情绪相对来说较低落，注意力较分散，若不及时调节会影响到海乘的正常工作。

在平时无险情况下，海乘所受到的应激性因素主要是震动、噪声、气温和照明，再有就是船上狭小的空间、频繁的值班变更和孤独。这些慢性应激因素所造成的海乘心身反应是持续存在的。

长期的、超量的心理应激会损害人的健康。比如，海乘在经历一次严重的海难、海损事故之后，劫后余生，心惊胆战，并由此引发出高血压、甲状腺机能亢进或应激性胃十二指肠溃疡。有的因为长期不能摆脱惊恐状态而致情绪继发性反应，在此基础上，产生抑郁和疑病等神经症性反应。慢性心理应激可以产生血管神经性虚弱的反应，表现为感到呼吸困难、易疲劳、心悸、胸疼、心率加快、血压升高，也可以出现头痛、背痛、腹泻、便秘、焦虑，甚至可以产生情感障碍和精神分裂症样表现。如果在受到心理应激前身体已有某种疾病，会加重病情。

二、海乘所面临的应激源的种类

海乘在航期间，常因经受多应激源的不良刺激，生理、心理长期处于应急状态而出现明显的心理状态，如紧张、焦虑、烦躁、抑郁情绪和躯体上的不适感。

（一）躯体性应激源

如恶劣的气候和海浪；高温、低温与湿度；船上的噪声、震动、磁场、电场、气味；倒时差；不新鲜的食物；晕船；疾病；过度吸烟尼古丁中毒；酒、咖啡等兴奋性饮品等。

应激中的躯体反应

除了情绪变化之外，在应激状态下，海乘的行为也往往产生相应的改变。

（1）回避反应　趋利避害是一切动物的行为准则，在受应激威胁的情形下，首先引起的是逃避或回避行为。例如，噪声过强刺激人们远离它，或塞住自己的耳朵；饱受晕船之苦的海乘要求调离船上的工作岗位，回到陆地上去工作等。

（2）攻击倾向　海乘在遭受频繁的心理应激以后，便会产生移置性攻击倾向，这种攻击倾向造成海乘之间特有的人际关系特点。海乘之间易发生口角甚至厮打，但一旦时过境迁，还会和好如初。

（3）寻求寄托　有些海乘在经常蒙受心理应激之后心里总有惶惶不安之感，于是寻求向朋友诉说，诉说倾向十分明显且能找到诉说对象者，往往结成了深厚的友谊。还有的海乘，因为心理的压力无处诉说，陷于苦闷之中，身体稍有不适便寄托于医药。靠安眠药入睡，其实是心理问题得不到解脱，更有甚者，有个别海乘靠毒品的暂时兴奋和致幻作用来缓解心理冲突，甚至吸毒成瘾不能自拔。

（4）转为躯体化　虽然海乘的心理应激过久，可以产生种种心理疾病，但也有相当一部分海乘把心理的冲突和压力转化成躯体症状，常表现为胃肠不适、头晕头痛，经医生检查发现不了任何器质性改变。对这些海乘，如果给予过多的关心，反而助长其躯体化症状的顽固持续。这在心理学中称之为"后增益效应"。

（5）积极应对　有相当一部分海乘，可以在应激因素的长期威胁之下寻求最现实的解决办法。他们往往通过提高自身的应对能力、寻求社会和同事的支持、摸清应激作用规律等方式，来对抗或消除心理应激。

（二）心理性应激源

包括船上人际关系紧张、离别亲友、孤寂和消极性情绪、人格扭曲、性心理压抑等。

（三）社会性应激源

如船上机械单调的生活；特殊的值班制度；社会角色单一；信息匮乏与闭塞；对家人、家事的牵挂等。

（四）文化性应激

如海乘进入另一种语言环境、民族氛围后，面临这一种生疏的生活方式、习惯，而不得不改变自己原来的生活方式与习惯，以适应新的环境和情况等。

 扩展阅读

邮轮噪声

邮轮噪声有稳态噪声（主机、辅机）和脉冲噪声。海乘在噪声中持续暴露，根据航行距离长短，接触噪声的时间可从几天到几个月不等。噪声强度，机舱可达80～90分贝，即使有一定的隔音设备，各舱室噪声也在75分贝以上，许多脉冲噪声则可能更高，一般均超过卫生学允许的标准。

噪声不仅直接损害听力，而且影响人的整个生理系统，尤其是心血管系统和中枢神经系统，内分泌系统也随之发生变化。

邮轮在海洋上航行，受风、浪、涌的混合作用，会发生不规则的横摇、纵摇和垂直运动，海乘要经受各种加速度的影响，大部分海乘对邮轮颠簸会感到不适。据统计，初次出海的人，有明显晕船症状的约占30%，如遇较大风浪，晕船率可达90%。日本科学家官本洗明分别对976602名大中小学生和100万儿童进行晕船观察，晕船率为35.7%和64%。对渔业实习船的统计发现，邮轮横摇时有72%的实习生发生晕船。晕船的程度与症状因人而异，重度晕船者可出现呕吐、情绪消沉以至丧失工作能力。有少数人员在长时间严重晕船的情况下，可能会突然失去自制力，不能很好地控制自己的行为。一般说来，初次出海的人员

一般需要 2～6 天才能适应船的摇摆。

在远洋航行中，气候带与季节的变化是经常性的和急剧的，尤其是海乘在经受从北极带到热带、由冬入夏或由夏入冬的航渡的时候，机体必须不断地顺应。这是一种复杂的生理和心理适应过程，对机体本身来说是一种强烈刺激。习服水土的过程对某些人来说需用 3 年的时间，大部分人机体应激适应也需要 2～8 周。然而远航邮轮可数天内从寒带进入热带，或经历春夏秋冬四季。

海乘从东半球航行到西半球，时差可达 10 多个小时。人体的"生物钟"——生理过程和心理过程昼夜节律的存在，给海乘的夜间工作造成了困难，工作效率明显下降，差错事故明显增加。昼夜节律具有强的稳定性，工作时间从白天改为夜间，调整的时间均为 12～15 昼夜，而在改回白天工作时，恢复原来的生活节律需 3～4 天。

海上环境天天如此，同样的海，同样的住舱、灯光、颜色、气味和饮食，有时甚至连休息日也没有。由于这种感知觉负载不足的心理状态的发展，海乘易于出现疲劳、焦虑、寂寞、抑郁、悲观、惊慌、情绪紧张过度和智力降低，出现视听错觉，导致观察与操作行为失误率上升，警惕性下降，应付复杂情况的能力下降。

第三节　海乘应激事件的应对

一、心理应激与应对的意义

拉瑞鲁斯认为，心理应激是指人对外界有害物、威胁、挑战经认识评价后，知其将危害个人的生存和地位时，所产生的生理、心理和行为反应。强调了心理应激是适应和应对"过程"；应激源是生物、心理、社会和文化的；表现为生理、心理和行为反应；认知评价起关键作用，同其他因素一起影响应激过程；应激的结果可以是适应，也可以是不适应。

应对是指人面对威胁性的应激源时，需要通过各种适当的心理行为策略，经过努力、行动、克服困难，解决问题来消除或缓解自己的紧张状态。

应对的两个功能：一是改变现存的人与环境的关系（问题指向性应对——通过改变个体的行为或改变环境条件来对抗应激源）；二是对应激性情绪或生理性唤醒的控制（情绪调节性应对——通过应对以降低烦恼并维持一个适当的内部状态以便较好地处理各种信息）。

二、心理应激应对的机制

心理防卫机制（Psychological Defense Mechanism）是指个体面临挫折或冲突的紧张情景时，在其内部心理活动中具有的自觉或不自觉地解脱烦恼、减轻内心不安、以恢复心理平衡与稳定的一种适应性倾向。

（一）逃避性防卫机制

（1）压抑　个体将一些自我所不能接受或具有威胁性、痛苦的经验及冲动，在不知不觉中从个体的意识中排除，抑制到潜意识里去，是一种"动机性的遗忘"。如，发生海难后，海乘会对海难中的某些事情进行选择性的遗忘。

（2）否定　借着扭曲个体在创伤情境下的想法、情感及感觉来逃避心理上的痛苦，或将不愉快的事件"否定"，当做它根本没有发生，来获取心理上暂时的安慰。例如，否认机制是指完全否认现实，采取"眼不见为净"的措施。

（3）退行　遇到困难或挫折时，放弃已学到的较为成熟的应对策略和方式，反而使用早先较幼稚的方式应付困难或满足己欲。例如，海难发生后，海乘幸存，经过一段时间的治疗，实质上他的身体伤害已经痊愈，但是却依旧不愿意出院，认为自己还没有好，需要别人的照顾和安慰。

（4）潜抑　在日常生活中，某些事情的发生，往往会触发人的一些感受，通常个体会做出自然与直接的表达，但在特别的情况，个体的反应会不寻常，基于各种原因，很可能会无意识地将真正的感受作了压抑。如"若无其事"。

（二）掩饰性或伪装性防御机制

（1）反向　反向形成机制是将不能表达的冲动采用完全相反的方式表现出现，采取"此地无银三百两"的策略。

（2）合理化　合理化机制是为摆脱痛苦而给自己找理由，采取"知足常乐"或"傻有傻福"的想法，是最常见的一种机制，还有"酸葡萄机制"和"甜柠檬机制"。

（3）仪式与抵消　用象征性的动作、语言、行为来抵消已经发生的不愉快的事情，以减轻内心的不安和罪恶感。如，吐口水、念佛。

（4）隔离　把部分事实从意识境界中加以隔离，不让自己意识到，以免引起精神上的不愉快。最常被隔离的是与事实相关的个人感觉部分，因为此种感觉易引起焦虑与不安，所以不愿意想到或提起。

（5）理想化　在理想化过程中，当事人往往对某些人或某些事物作出了过高的评价。这种高估的态度，很容易将事实的真相扭曲和美化，以致脱离了现实。

（6）分裂　有些人在生活中的行为表现，时常出现矛盾与不协调的情况。有时在同一时期，在不同的环境或生活范畴，会有十分相反的行为出现。这个机制使一些心理观念从意识中分开或孤立出来，并且独立或自动地运作。其结果可能会导致某些心理或人格上的分裂，如失忆症或多重人格等。

（7）曲解　把外界事实加以歪曲、变化以符合内心的需要。如用夸大的想法来保护其受挫的自尊心。因歪曲作用而表现的精神病现象，以妄想或幻觉最为常见。如，自我感觉良好。

（三）攻击性防卫机制

（1）转移　转移机制是指将对某人的情感转移到他人身上，采取"迁怒于人"，心理治疗中的移情是特例。

（2）外射（投射）　将自己内心某些不能为社会规范或自我良心所接受的感觉、态度、欲望、意念等转到外部世界或他人身上以掩饰自己，逃避或减轻内心的焦虑与痛苦的做法。

（3）内向投射　与投射作用相反。是指广泛地、毫无选择地吸收外界的世界，而将它们变成自己人格的一部分。有时候人们爱和恨的对象被象征性地变成了自我的组成部分。内投射或仿同的对象，常是所爱、所恨和所怕的人，尤其是父母。如失去所爱的人后模仿其特点，使这些举动或喜好在自己身上出现，以慰藉丧失所爱的痛苦。

（四）替代性防卫机制

（1）幻想　幻想机制，如做"白日梦"和"灰姑娘的故事"。

（2）补偿　当个体因本身生理或心理上的缺陷（事实/想象的）致使目的不能达成时，改以其他方式来弥补这些缺陷，以减轻其焦虑，恢复自尊与自信。

（五）建设性防卫机制

（1）认同　指向比自己地位高或成就大的人学习，以消除个体在现实生活中因无法获得成功或满足时而产生的挫折感。

（2）升华　升华机制也是最积极的富有建设性的防御机制。把因不被社会允许或接纳的本能欲望、冲动导向较高级的、能为社会所接受或赞许的目标或方向，进行各种创造性的活动。

三、海乘应对心理应激源的方法

（一）海乘海难事故的应对方法

海难是一个强烈的应激事件，对涉及的海乘心理健康状况影响是巨大的。利用社会各方面力量和心理咨询提供社会支持，构建应对压力的认知策略，是非常有必要的。

1. 建造有力的社会支持系统

社会支持（Social Support）是指个体与社会各方面，包括亲属、朋友、同事、伙伴等个体以及家庭、单位、党团、工会等社团组织所产生的精神上和物质上的联系程度。人的发展离不开社会的支持，来自家庭亲人的关心和支持，能帮助受害个体分担压力和忧愁；及时的心理干预救助和社会各界的热心援助都可成为极有力的社会支持，带给受害者持久的温暖、安全，重振生活的信心、勇气和力量。

2. 培养乐观的思维方式

乐观的人与悲观的人相比更不容易得病，能够从疾病中更快地恢复过来，更加健康长寿。塞利曼格研究显示，乐观思维方式（Optimistic Style of Thinking）有三个特点：①乐观思维方式将不愉快的经历归因为具体原因，而不是盲目扩大归因范围；②乐观思维方式倾向于将问题归因为外部原因，而不是内部原因；③乐观思维方式会假设导致痛苦和疾病的原因是暂时的。塞利曼格认为乐观的思维方式是可以学习的，在本质上，乐观是通过培养建设性的思维方式，自我评估及行为规划习得的。

3. 重建正确的认知策略

认知重建（Cognitive Restructuring）心理是建立在对海难应激源的重新评估之上。即海乘要及时了解相关信息，帮助危机个体正确认识灾难。海乘对海难的认知会影响其应对方式，因此应帮助个体客观、理智地面对现实，纠正错误、不合理认知。突发海难事故发生后，受害者是否发展成创伤后应激障碍以及是否会成为慢性创伤后应激障碍与个体的认知模式有关。恐惧、抑郁情绪可导致个体的认知功能障碍，使海乘失去目标，丧失活动能力和生活兴趣，甚至自恨和自杀。因此，心理建设工作主要在于纠正其不合理思维，提高其应对生理、心理的应激能力。

（二）海乘躯体性应激源应激方法

海乘不可避免的应激源包括生理、物理、化学等对人的躯体直接发生刺激作用的刺激物。如过高过低的温度、强烈的噪声、酸碱刺激、不良食物、微生物等。

海乘要加强身体锻炼即体育锻炼，结合自然因素（日光、空气、水等）和卫生措施来增进健康、增强体质、调节精神和丰富文化生活。身体锻炼的健身效应得到普遍的认可，身体锻炼可以给机体带来短暂的心理效应与长期的心理效应，是使人身心俱健、调节情绪、保持良好心态的有效途径。身体锻炼对海乘躯体应激能力的提高有一定的作用。

工作中要坚持预防为主、防治结合的方针，定期接受相关医疗保健等安全组织培训教育，提高海乘对躯体应激危害的认识，了解其危害，掌握具体防治的方法。

教材前面内容（第二章）也对部分物理、化学等应激源进行了分析和应对措施的描述。

海乘常见病的体育疗法简介

1. 感冒的体育疗法

海乘受不同气候变化的影响，加之船上昼夜温差较大，极易患感冒，轻者有鼻塞、流清鼻涕、嗓子痛、头痛发热和全身酸痛，进一步发展可出现咳嗽、高烧不退，严重时可并发肺炎或发生其他病变，直接影响海乘的身体健康。感冒的体育疗法主要有以下几种方法。

（1）按摩法　坐姿或站立，全身放松，用中指贴鼻翼两侧向上搓擦至前额发际，然后两手掌由发际向下摩擦，如此反复按摩。随后按摩迎香穴、风池穴，用力以酸胀感为度。

（2）起落呼吸操　全身放松，两脚齐肩宽站立，两臂自然下垂。吸气时屈肘，两小臂平行举至身前与胸平，呼气时两腿下蹲，两臂下落至髋部两侧，同时发出"呜——依——啊"等元音，反复进行。开始发音时间轻而短，以后逐步延长。此法是利用呼气时发音刺激增强肺换气功能，对治疗咳嗽、头痛、咽痛、鼻塞等病症有较好的效果。

（3）医疗步行　宜在清晨或傍晚空气新鲜、清静的地段进行，并实行定时定量锻炼。

注意事项：经常参加体育锻炼，以增强对感冒病毒的抵抗力；养成四季用凉水洗脸和擦身的习惯，特别是用湿毛巾揉擦鼻翼两侧和风池穴，对预防感冒具有积极效果；进行体育疗法时（起落呼吸操、医疗步行等）要量力而行；做呼吸操时，注意用鼻吸气、口呼气，多练腹式呼吸。

2. 神经衰弱的体育疗法

神经衰弱是一种海乘常见的神经官能症，其发病原因与长期精神负担过重、生活无规律或过于疲劳有关。其症状表现很复杂，有的患者表现为情绪不易控制、易激动、烦躁、注意力不易集中和睡眠浅；有的则表现为衰竭症状，嗜睡、易疲劳、全身酸软乏力、食欲减退、孤僻、忧郁和情绪低下等。神经衰弱的体育疗法主要有以下几种。

（1）对容易激动、情绪控制差的患者，宜采用柔和平静的体疗方法，如步行、气功、太极拳以及各种柔和轻松的保健体操，运动量宜偏小，也可配合手法相宜的医疗按摩。

（2）对精神不振、孤僻寡言的忧郁患者，宜采用生动活泼的体疗方法，如参加游戏性和竞赛性的球类活动，观赏趣味性强、节奏性强的健身操和体育舞蹈等。体育锻炼的运动量宜适中，每分钟运动心率控制在130～140次之间。对体力较好者，可进行游泳、划船和攀爬等锻炼。

（3）不论何种神经衰弱患者，在健康状况较好的情况下，采用冷水浴锻炼或经常用冷水毛巾擦身、洗头，对调节中枢神经系统的功能颇有益处。

（4）针对不同症状进行自我按摩。如头痛失眠者，可揉按天柱穴和太阳穴。如头昏目眩者，可加练鸣天鼓，即掩住两耳，用指弹击玉枕穴；如遇有心悸和情绪不稳定者，可搓擦涌泉穴、百会穴和印堂穴等。

注意事项：合理安排海乘的工作和生活，不同的症状应采用不同的体疗方法，运动量不宜过大。

3. 慢性胃肠病的体育疗法

慢性胃肠病是海乘群体的多发病，主要是由于海乘的饮食缺少规律、食品单一、营养匮乏所致。其症状多数有腹痛、消化不良等。严重患者经常有腹泻，粪便可有脓黏液，甚至便血。如不积极治疗，可导致患者身心痛苦，严重影响学习和工作。慢性胃肠病的体育疗法主要有以下几种方法。

（1）气功以放松功和内养功为主，在松静的基础上，逐步引入腹式呼吸，一般以卧位为宜。

（2）太极拳常与气功配合，也可单独练习。

（3）按摩以坐位或仰卧位均可。两手重叠于胃部或腹部，先顺时针方向后逆时针方向依次按摩，速度均匀，每次按摩数百次。

（4）医疗体操可做仰卧位举腿运动、仰卧位模仿踏自行车运动、屈膝仰卧挺腹等。

（5）对于慢性习惯性腹泻患者，可加练肾穴和外劳宫穴按摩或香烟温灸；对消化不良患者，可反复按肝区或香烟温灸，均可达到理想的效果。

注意事项：应以气功、太极拳、腹部按摩为主，每次练习不少于15分钟，必要时可配合药物及理疗。

此外，适当的体育锻炼和合理的体育疗法还可以对冠心病、关节炎、肥胖症、近视等起一定的预防和治疗作用

（三）海乘心理应激源应对方法

1. 心理倾诉

倾诉是人们谋取心理平衡的需要。心理倾诉法是适用于海乘心理干预的首选方法，也是干预过程中的首要步骤。学会情绪、情感宣泄释放，能找到正确的渠道充分倾诉内心积压的痛苦和烦恼。在遇到不愉快的事情时，在同伴中选择自己认为合适的对象，敞开心扉主动倾诉自己遇到的问题和感受，或以记情绪日记、写家信的方式合理宣泄倾诉，这对减轻海乘的心理应激反应、排遣在航的孤独无助感，可以起到积极的作用。

2. 认知疏导

认知干预是根据"人的认知过程影响人的情绪和行为"的理论假设，通过改变或修正人的异常的认知，改变或改善人的异常心理和行为，使人的心理功能恢复正常。根据这一理论，有情绪或行为问题的海乘进行认知干预疏导的关键，在于矫正海乘对应激事件的不合理认知，只要异常的认知克服了，紊乱的情绪就会趋向稳定，行为便会有良好的改变，其心理问题也就解决了。通过心理沟通，海乘就确定或尚不能确定的应激源问题、情绪问题进行认知交流与探讨，对在航环境中的不良应激源正确认知，要充分意识到既然不能改变或消除船上不良的应激源，就要反省并改变自己对应激源的认知思维方式，认知端正了，采取正确的应对方式，就会产生适应的、平稳的情绪，更好地适应环境。干预试验表明，"认知疏导"可有效地缓解海乘当时的负性情绪和躯体不适。

3. 心理支持

相关研究表明，海乘获得社会支持的感知水平影响海乘个体的心理健康水平。海乘主观体验到的社会性支持水平越高，心理症状就越少。显然，社会支持对于改善海乘的心理健康状况是极为有益的。但由于职业的原因，海乘与社会的交往很少。长期在封闭的远洋船上工作生活的远洋海乘，渴望得到他人情感上的关爱、理解与支持的心理需要尤为强烈。因此，对在航海乘而言，充分发挥海乘同伴群体的心理支持的功能，可以对海乘的应激处境起到良好的减压或缓冲调节作用。在航海乘遇到的问题大多是现实工作生活中的工作压力和人际关系处理中引发的问题。在特殊的情境下，来自海乘同伴的心理支持，比来自家庭、单位、亲朋好友的社会支持更为及时有效。

4. 音乐调节

现实生活中，人们都能感觉到，听音乐是一种高雅的享受。一曲轻柔的乐曲可以使人心旷神怡，消除疲劳。音乐对缓解在航海乘常见的紧张、烦躁、抑郁等负性情绪有比较好的效果。经研究人员观察和海乘体验反馈，适宜的乐曲、歌曲可以起到抚慰海乘心灵、改善心理应激、消除压力、促进身心松弛和情绪平稳的神奇功效。如选择一些和谐的男女和声演唱的经典歌曲，可以改善海乘在船孤独寂寞的心境，产生在和谐社会中生活的愉悦的情感体验。海乘对民族音乐、轻音乐比较喜爱，在就餐时播放舒缓的民族音乐或轻音乐，可较好地缓解身心疲劳，让海乘的情绪随着音乐渐渐地放松，调整恢复到比较祥和、安静的状态。

5. 放松训练

"放松训练"是一种通过训练，有意识地控制自身的生理和心理活动，降低唤醒水平，使生理和心理放松，从而改善或改变机体功能紊乱的一种心理保健方法。呼吸调整和肌肉渐进松弛训练，是以放松为主要目的的自我控制训练，目的在于改变肌肉紧张，以应付情绪上的紧张、不安、焦虑或愤怒。通过肌肉的放松，达到精神的放松，以此应付工作和生活中的压力。在航期间海乘中最为常见的心理反应是紧张不安、烦躁、焦虑、抑郁等负性情绪，并容易造成不良情绪和不良心境下的人际关系紧张、易激惹、工作注意力下降、安全意识松懈等现象。而学习掌握放松的技巧，则可在很大程度上减轻在航海乘以上情绪对行为的影响。采用背景音乐加指导语引导下的呼吸调整和自上而下的肌肉渐进式放松训练的方法，可以让海乘体会和比较身心紧张与放松的感觉。通过放松训练，学会自我放松调节的技巧，是海乘缓解心理压力、消除工作疲劳的有效方法。

（四）海乘社会应激源应对方法

临床心理学社会应激预警机制重在事前辅导，即在应激者思维混乱尚未转化为行为之前，及时介入消除其可能出现的极端应激行为，避免只是在行为发生后才去干预。

处于心理混乱状态中的海乘应激人员应积极联系心理辅导部门或者团体建立电子心理信息档案，根据警级分析结果分类接受心理辅导。同时应配合心理辅导部门针对自身的具体问题进行心理辅导，稳定情绪，避免应激危机反应，并争取社会支持援助。这在心理辅导中极为重要，应激情绪转化为极端行为之前，辅导人员、家庭成员、亲戚朋友给予的及时帮助，可以平衡海乘心理需求，缓解压力；通过一些心理专业测试，防止一些潜在而未被及时发现的海乘可能会在某种诱因下突然爆发的应激活动。海乘要了解的是：预案类型分为一般预案和紧急预案。前者采用普通辅导方式进行干预，后者采取预警机制强力介入或强制干预，以最大限度地减少应激破坏性；处于社会应激的海乘要积极接受心理健康教育，了解到海乘社会心理应激现象具有多发性、常见性、普遍性等特征。因此，对正处于应激边缘的海乘要定期进行有目的、有意识的教育，开展心理健康专题教育活动，把健康知识渗透到认识中，学会为社会稳定而调控自己行为的一些方法，是预警和防范海乘社会心理应激事件的有效途径。

海乘要主动接受缓解压力和生活事件的心理预期教育，明确可能遇到的问题和困难，有充分的心理准备，增强其心理适应能力；良好的社会支持可以提高海乘的心理幸福感，加强社会应激性能力。善于感受外界支持并利用外界支持的海乘，在自主性、掌控环境等心理幸福感各维度上均明显高于对外界支持感受迟钝、不善于利用外界支持的海乘。

（五）海乘文化应激源应对方法

海乘文化应激源最为常见的是"文化性迁移"，如由一种语言环境进入另一种语言环境，或由一个民族聚居区、一个国家经过另一个民族聚居区、一个国家。在这种情况下，一个人就将面临一种生疏的生活方式、习惯与风俗，从而不得不改变自己原来的生活方式与习惯，以顺应新的情况。

语言是文化的载体，海乘要加强学习一些民族的文化，努力加强学习英语，得体地进行跨国文化交际。语言是一种社会现象，它不能脱离其赖以生存的社会环境。海乘的社会文化能力落后于语言能力，因此，海乘应把语言和文化二者结合起来，了解和熟悉异国文化，正确、得体地使用这种语言，从而提高海乘的交际能力。海乘专业可将海乘心理辅导作为海乘的必修课，新人员上船之前也可在公司或专业老师指导下学习，注入企业新的文化，并通过书籍、音像制品等措施加强船员的自身文化修养。

海乘有条件的可因地制宜多开展些娱乐、体育活动，主动与同事交流，增进相互之间的了解。语言的交流、沟通也是感情的交流和心灵的沟通，人类的社会性和共存性形成了人类的互引力和亲和力。人与人之间只有交流才能消除交往的障碍，才能产生友谊，结为朋友。海乘在生活方式发生变化后要学会自我调节，以积极的心态工作、以平常的心态适应船上生活。

海乘要建立广泛的兴趣爱好，海乘受工作和生活空间的限制，不可能达到陆地上的生活、娱乐等条件，但如果具有广泛和稳定的兴趣，就能丰富船上的生活，必然能对心理起到很好的调节作用。

海乘要学会自我激励，培养良好的心理应变能力和遭遇挫折的耐受力。如果有着热爱航海事业的理想，就可以通过激励正当的心理需要来调动和激发工作的积极性和自觉性，使海乘积极、主动、有效地去工作，这对于适应航行是极其重要而有效的。

善于处理人际关系。善于处理人际关系的海乘，可以结交促进情感交流的知心朋友，可以促进相互帮助、相互谅解，增加文化认同感，同时还可以取得与他人更多的一致性和共同性，避免过分孤独。所以海乘人际关系处理得好可以使海乘保持一种良好的心境，有利于海乘形成群体感知，即形成同舟共济、克服困难的共识。

海乘的各种应激因素的消除需要从观念到行为的一系列重新调适。总之，不过是改变人的内在认知方式和应对方式而已。至于真正消除外在的应激源，那是必须通过社会革命、科学革命、技术革命等长时期大规模的群体行为才能部分达到的事情。我国已故的精神病学家娄焕明曾指出："人与世界取得平衡的道路只有两条，一条是改造外界适应自己，另一条是改变自己适应外界，后一条更为现实和便捷。"

本章小结

本章从应激与健康的关系、海乘的应激反应、海乘应激事件的应对三个方面分析了海乘应激的因素、面临的应激源的种类等内容。提出海乘在面对种种心理应激因素时，要尽可能地做到提前预防，做最佳的事中处理以及事后的弥补和心理调节。同时，本章总结归纳了海乘应对心理、社会、文化应激源的方法。

课后思考

1. 心理应激与健康的关系是什么？
2. 海乘面临的应激源种类。
3. 海乘应对心理应激的方法。

第七章

海乘的心理训练与咨询治疗

◀◀◀◀◀◀◀

本章导读

心理疾病比起生理疾病为数更多，为害更烈。

——古罗马哲学家西塞罗

忧愁、顾虑和悲观可以使人得病；积极愉快、坚强的意志和乐观的情绪可以战胜疾病，更可以使人强壮和长寿。

——俄国心理学家巴甫洛夫

健康是富人的幸福，穷人的财富。

——美国哲学家欧文·拉兹洛

这世界除了心理上的失败，实际上并不存在什么失败，只要不是一败涂地，你一定会取得胜利的。

——亨·奥斯汀

学习目标

目标一：了解心理训练、心理咨询与心理治疗的定义；

目标二：了解海乘心理咨询与心理治疗的任务、内容及方法。

第一节　心理训练的概述

一、心理训练的目的与内容

心理训练是指运用心理学原理设计出与实际工作环境相类似的"仿真"情境，让个体或群体置身于其中，运用一定方法、手段和程序，对训练对象施加各种有意识的刺激，使受训者不断调整其心理和行为、达到最适宜程度的训练技术。心理训练的目的就是使各行各业的人员具备与其工作性质相匹配的认识品质、情感品质、意志品质、动机品质、能力品质、性格品质以及心理健康标准。

心理训练一般包括两层含义：一是培养心理品质，使个体获得与职业相匹配的特殊心理品质；二是提高心理品质，使个体心理品质进一步优化，提高作业成效，更加胜任本职工作。根据心理活动的内容，心理训练的内容一般包括基础心理品质、个性品质和心理健康三个方面。其中，基础心理品质方面的训练包括认知训练（包括观察力、注意力、记忆力、思维力和想象力的训练）、情感调控（包括心境、激情和应激的自控能力训练）和意志锻炼（包括自觉性、果断性、自制力、坚持性和行为习惯养成的训练）；个性品质方面的训练包括需要、动机、兴趣、理想、信念、人生观和世界观的激发培养，能力的提高，性格的塑造，自我认识、自我评价、自我体验、自我监督和自我控制等自我意识的调适等。依据世界卫生组织关于心理健康的生理、心理和社会模式，健康心理培养应包括三大标准，第一是良好的个人性格，这一标准包括个人情绪稳定，性格温和，意志坚强，感情丰富，胸怀坦荡，豁达乐观。第二是良好的处事能力，这一标准包括个人观察问题时，具有较好的自控能力，能适应复杂的社会环境。第三是良好的人际关系，这一标准包括个人在人际交往和待人接物时，能助人为乐，与人为善，对人充满热情。

二、心理训练的方法

国内外心理训练专家创设了许多行之有效的具体方法。在此，我们主要介绍几种典型的具体操作方法。

（一）暗室迷宫训练法

暗室迷宫训练法是以提高感知能力为目的的心理训练方法。暗室迷宫的具体做法是，在一定面积的暗室中设定难度等级不同的迷宫，并制定相应的过关标准，让受训者从明亮的地方进入到黑暗的暗室迷宫环境中，在被试进入迷宫前，主试告之要尽快走出迷宫，并对被试进出迷宫的整个过程进行监控，准确记录所用时间和错误次数，在被试出来后告之他的得分情况，然后让其再次进入暗室寻找出口，这样经过反复训练，受训者的视觉、听觉、触觉等感觉器官的感受能力就会不断得到提高。有的心理训练者为了提高受训者的感知力，还设计了一些稍停即逝的刺激场景，如一闪而过的某张面孔、身影或某些细致的动作、表情、神态、耳语和姿势，让受训者迅速捕捉刺激源，查找到刺激物，以提高感觉器官反应的灵敏性和准确性。

（二）再认回忆训练法

再认回忆训练法是以提高记忆能力为目的的心理训练方法，主要包括肖像记忆描述训练、数字符号记忆训练和实景记忆训练。具体做法是通过呈现头像、人像、数字材料、符号材料、原景照片和修改照片等材料，通过投影呈现、纸版呈现和声音呈现，以回忆或再认的准确率作为考查指标，通过逐渐拉长回忆的间隔时间和增加每次呈现的材料数量，强化受训者的记忆强度。如肖像记忆，描述训练中的"头像-姓名"记忆训练，即将不同年龄、性别、面部特征的头像照片材料通过计算机处理成幻灯片分类进行投影呈现，然后让被试根据逐个呈现的头像回忆出对应的名字，根据逐个呈现的名字，选出相应的头像，以其回忆或再认的准确率作为考查指标。通过逐渐拉长回忆的间隔时间和增加每次呈现的头像-姓名数量，进行记忆强化训练。

（三）抗干扰训练法

抗干扰训练法是以提高自我心理控制能力和注意力集中能力为目的的心理训练方法。具体做法是选择任务材料和背景材料，让受训者在有背景材料和无背景材料两种条件下进行划消符号抗干扰训练。例如任务材料可以选择随机组成的阿拉伯数字 0—9、英文字母 a—z 和 A—Z、罗马数字Ⅰ—Ⅶ的纸张；背景材料可以选择音乐或噪声等音频材料和科教片、电视剧等视频材料。训练的第一阶段是在没有背景材料干扰的情况下，要求被试在规定的时间内，完成从阿拉伯数字表中划掉某两个数字（或划消英文字母、符号和罗马数字符号）。第二阶段加上音频干扰和视频干扰背景材料，要求被试在各种不同等级的干扰情况下，完成与第一阶段相同的划消符号的任务。经过反复训练，如果被试能在高噪声的音频和高吸引力的视频干扰下，按规定时间顺利完成划消符号任务，即可以认为基本达到训练效果。抗干扰训练法的任务材料和背景材料以及要求完成任务的性质，可根据具体情况而定。

（四）应激情景训练法

应激情景训练法是以提高快速反应能力为目的的心理训练方法。由于反应能力的高低是个体身体素质和心理素质的综合体现，所以一般通过设计与射击、散打、擒拿、格斗、跑步、游泳等技能项目相类似的模拟情景进行训练。具体做法是设计各种各样意想不到的应激场景，让个体置身于模拟的应激情景之中，并不断施加各种应激刺激信息，训练其控制情绪、及时调整心态、迅速组织思维、快速准确分析、判断及解决不测事件的能力。我们以模拟射击训练为例，在屏幕上呈现位置不断变化的靶位，第一步要求被试在屏幕上出现单个靶子时完成掏枪和射击动作，第二步要求被试在屏幕上出现几个靶子时完成掏枪和射击某个靶子的动作，第三步要求被试在屏幕上出现人像时完成掏枪和射击其中某一个人像的动作。通过反复训练，受训者从掏枪到射击的两段时距会逐渐缩短，射击的准确度会逐渐提高，最后达到训练要求的基本标准。

（五）音乐训练法

音乐训练法是以缓解人的紧张情绪和心理疲劳为目的的心理训练方法，具体做法是让受训者学会根据个人的心理状态和紧张程度，反复听各种不带歌词的音乐，根据自己的个性和内心体验，选择能使自己情绪松弛、心情舒畅、轻松愉快的音乐。通过音乐引发的心理作用，使人达到降低紧张焦虑情绪和心理疲倦的目的。如有些心理专家通过统计实验，认为情绪紧张可选用《梁祝》《田园交响曲》《水上音乐》《春江花月夜》《蓝色多瑙河》《青年圆舞曲》等，情绪焦虑可选用《仲夏夜之梦》《平湖秋色》《梦幻曲》等。音乐训练法需通过不断地体验尝试，最终才能到达预定目标。

（六）自我调节训练法

自我调节训练法是以稳定情绪和提高抗挫折能力为目的的心理训练方法。具体做法是让受训者穿着宽松舒适的服装，独自置身于一间播放轻柔背景音乐的安静整洁、光线柔和的房间中，坐在高度可以调节的椅子上，放松双肩、身体和头部，目视前方，双手分放在大腿上，两脚稍微分开，使身体感到很放松和舒适。准备完毕后，训练师做示范指导，让受训者闭上双眼，双臂、两腿用力伸展，两手、两脚同时用力，直到感觉到颤抖为止，然后猛地一下松劲，使全身的肌肉立刻松弛下来。在松紧的一瞬间开始做腹式深呼吸，待呼吸平缓下来后，头脑中静静地浮现出与自己最美好的经历和情感体验联系着的人、事、物或场景，并集中注意，自言自语能使人平静的语言内容进行自我情绪安慰，使自己处于内心宁静状态。通过一系列身体、心理的自我调节以后，受训者就能实现增强心理功能、提高活动效率、增强心理健康、实现意志控制的目的。

（七）自我暗示训练法

自我暗示训练法是以提高个人自信心为目的的心理训练方法。实践表明，当一个人面临一项挑战性的新任务时，如果能看到自己的力量，并且有足够的勇气来承担这一任务，那么他定能很好地完成任务。如果缺乏自信心，就会影响工作效果。自我暗示对一个人的自信心既可以发挥增力作用，也可以发生减力作用。我们可以借助积极的自我暗示培养个人的自信心，让受训者学会通过各种自我暗示，将自己的心理状态、行为乃至生理尽量趋向于积极状态。如给受训者设置一定的困境，让他们多次反复用"我很优秀""我很愉快""我能战胜困难"等肯定的语言进行自我激励和自我安慰，磨炼意志，促使其保持愉快、轻松、集中的心理松弛状态，对自己作出肯定的自我认识、自我评价、自我体验，进而悦纳自己，消除自卑心理，稳定自己的情绪，树立必胜的信念。这样，当工作遇到不如意时，就可以克服一切不利因素，更好地激发出自己的潜能。

（八）角色扮演训练法

角色扮演训练法是以提高人际交往能力为目的的心理训练方法，是社会心理训练的重要内容之一。角色扮演训练具体做法是以小组为单位，让受训者扮演人际交往中的各种角色，角色扮演训练的内容往往包括警民互换扮演、师生互换扮演、医患互换扮演、父母与子女扮演、领导与下属互换扮演、夫妇互换扮演以及各种职业角色扮演等形式。角色扮演过程一般包括确定主题、编制剧本、设计场景、小组划分、角色表演和态度体验、讨论沟通以及总结与评价等环节。由训练者根据主题进行角色分配和演练。通过角色扮演，使受训者在扮演角色的过程中换位思考，认识和理解在不同生活环境中各种角色的态度体验，从而改变自己对他人的偏见和情感障碍，取得情感共鸣，学会了解别人、接纳别人，根据交往对象确定与对方沟通和交往的方式，增加与不同工作对象的信息交流和感情沟通，提高有效交往的技能，解决各种人际冲突，改善朋友关系、夫妻关系、亲子关系、同学关系、师生关系、同志关系等。

（九）身心放松训练法

身心放松训练法是以调节人的整个心理状态为目的的心理训练方法，美国的雅各布逊最早开始试验放松肌肉动作的训练方法，他以肌肉放松动作改变人的恐慌情绪，称为"渐进松弛法"。后来，加拿大的彼尔西瓦利将肌肉松弛与呼吸结合起来调节人的心理状态。这种方法在欧洲很多国家开展起来。具体做法就是选择一个清新幽静的环境，主动忘记一切工作和生活负担，使大脑处于空白状态，以最舒适的姿体状态，进行关节肌肉放松活动和保持自然舒畅的呼吸。同时，有意识地把意念集中于某一固定对象，想象一些美好的事情，以达到一种忘我境界，个人可借之暂时离开挫折处境，在虚幻中追求满足，通过幻想，使自己维持心理平衡，将上述做法反复进行直到完全解除身心疲惫状态，以良好的心理状态，精神饱满地投身于生活、学习和工作中去。心理训练不是一日即可见成效的，它需要长期有计划地坚持，持之以恒地反复应用练习、进行自我调节，才能真正提升个人的心理素质和适应社会环境的能力。

 心理训练

自我放松训练

最简单的放松方法就是做深呼吸，而最常用的放松训练的方法是：首先脸朝上躺下，轻屈膝，双手放于脐部，尽量放松全身的肌肉，尤其是肩部和胸部，并将注意力集中到呼吸上，使气体自然地吸入和呼出。

1. 放松的过程

要记住的是，你可以依靠自己的头脑和身体来为你做这件事。如果你能够控制那些影响你放松能力的生理和心理素质，那么放松的过程本身就会起作用了。你的任务就是控制那些阻碍你放松的东西。

放松前的准备：选择一个适合于你的方法并坚持下去；每天固定进行半个小时的练习，一定坚持下去；选一个舒适的练习地点。

下面是肌肉深度放松活动的顺序，请按下面顺序依次作放松训练。请记住，在肌肉收紧之后，要慢慢地放松，要感觉到紧张的消失和血液的舒畅流动，别忘记呼吸的配合。

（1）双手：握紧双拳，然后松开。

（2）双臂：绷紧二头肌，双臂同时下垂，但双手不下垂。

（3）双肩：抬高双肩，好像要碰到耳朵的样子。

（4）双脚：拧紧脚趾。

（5）小腿前肌：双脚使劲伸直，使双腿几乎平行。

（6）小腿后肌：双肢使劲往上勾，从而把脚后跟往下拉。

（7）大腿：大腿绷紧，双膝下压。

（8）臀部：收缩屁股。

（9）腹部：将腹肌绷紧。

（10）后背：将腰部往下压。

（11）前胸：吸气，屏住呼吸，将胸部肌肉绷紧。

（12）双肩：吸气，屏住呼吸，抬高双肩，好像要碰到耳朵一样。

（13）脖子：①仰头向上伸，好像要把下巴碰到天花板的样子；②头向下弯，直到下巴碰到前胸。

（14）口与腭：闭紧双唇，咬紧牙关。

（15）眼睛：闭紧双眼。

（16）前额和头皮：双眉上提，好像它们会消失的样子。

（17）脸面：将脸上的全部肌肉拧到一块儿。

2. 培养放松态度的方法

放松是一种态度，一种习惯，一门技巧，应该通过各种方法将它化作你生活中的一部分。

（1）采取放松的姿势，你坐的时候是不是把自己挂在椅子的边上？你是否心里有事就坐立不安？紧张会使人浪费大量精力，因此只要有机会就应该让你的身体休息。

（2）不要手忙脚乱，那只能使你更加紧张，许多人都发现稳扎稳打绝不比手忙脚乱少干，而且还能持久，且不像手忙脚乱那么累人。

（3）养成一种从事能使你放松的事情的习惯。无论是平静安稳的事情（如看书或很轻微的工作），还是紧张的事情（如比赛或参加舞会），只要能使你放松你就努力做好。

（4）寻求欢笑与娱乐，玩得越开心，你就越感到放松。

（5）把风险分散开。如果把所有的"鸡蛋"都装在一个篮子里，你会紧张，提心吊胆，那么就分开装。

（6）给自己一点休息机会。进行短时间休息，如闲聊半个钟头；长时间休息，如定期休假。

3. 快速放松的方法

（1）调节呼吸，深深吸一口气，屏住呼吸，然后在呼气的时候提示自己放松。自然呼吸一段时间，每次呼气时都重复放松的指令。选一个适合于你的指令，例如，"保持安静""延长一会儿""慢慢来""放松"，等等。

（2）将一部分肌肉如手、脚或腹部紧张起来，再放松下去。在放松的时候，试着让所有不必要的紧张感都消失掉。

（3）放松肩膀。如果你开始的时候是进行全程训练，可以将它压缩成一个快速程序，然后将你的放松技巧应用于不断提高难度的情况。你很快就能感受到它的效益。你还要不定期地复习全部训练，以备不忘。

第二节　海乘心理咨询与心理治疗

一、心理咨询与心理治疗的定义及关系

（一）心理咨询与心理治疗的定义

心理咨询是利用心理学的知识深入分析和有效地处理当事人（或来访者）的心理问题，

在处理问题方面要给出切实可行的方法和实施步骤，在必要时，要在心理医生的指导下进行训练。

心理治疗是面对心理或人格出现严重偏差的人或出现心身障碍的人，进行调整、矫治的学科或行业。有关心理治疗的定义，目前最有影响的是沃尔培格的定义：心理治疗是针对情绪问题的一种治疗方法，由一位经专门训练的人员以慎重、认真的态度与病人建立一种职业性的联系，以消除、矫正或缓解现有的症状，调节异常的行为模式，促进积极的人格成长和发展。心理治疗可以理解为一种人格和行为改变的过程。病人由于有了心理上的异常或不适才前来寻求治疗，其目的就是要求有所改变，而改变这些问题的方法和技术也很多，包括解释、自信心训练、支持、系统脱敏、行为契约等。然而，还没有哪一种方法能解决所有的心理问题。实际上，将心理治疗中的关系理解为"大夫"与"病人"之间的治疗关系或医患关系是不够准确的。更为准确的说法是，心理治疗是一种努力合作的行为，是一种伙伴和同盟的关系，而且病人从一开始就承担主动的作用。通过治疗，病人逐渐变得越来越具有自主性和自我导向能力，对自己的情感和行为更负责任。因此，心理治疗过程的设计不在于改变病人，而在于帮助病人自己改变自己。

（二）心理咨询与心理治疗的关系

心理咨询与心理治疗有相同点也有不同点。二者的区别在于：一是服务对象不同。心理咨询的对象主要是人格健全的人，着重处理个人在适应和发展中的心理困扰、心理冲突；心理治疗的对象主要是心理障碍和心理疾病者，帮助求治者消除精神病症、改变病态行为并重整人格。二是工作目标不同。心理咨询的目标是针对某些具体问题；心理治疗不仅针对具体问题的改善，而且注重人格成长。三是工作者不同。心理咨询主要由心理教师、心理咨询师、社会工作者承担，工作任务侧重心理健康的保持与增进，属于心理健康领域；心理治疗工作主要由精神病学家、精神科医生、临床心理学家承担，工作任务侧重心理障碍、精神疾病的诊断与治疗，属于精神医学领域。四是工作时间不同。心理咨询用时较短，咨询次数一般为一次到几次；心理治疗费时较长，由几次到几十次不等。

心理咨询与心理治疗的共同点：两者运用的理论方法是一致的；两者的终极目标是一致的，都是为了人的心理健康；两者都注重建立帮助者与求助者之间的良好人际关系，认为这是帮助求助者改变的必要条件。

扩展阅读

心理咨询的感觉

心理咨询到底是怎样的一种感觉？有接受过心理咨询的人描述：想象一片沙漠，你是那里唯一的跋涉者，你走得很累、很孤独、很焦渴，突然眼前出现了一片绿洲，感觉一下此刻的心情；你捧起一汪清水，珍惜地滋润自己的嘴唇、喉咙、肠胃，及至全身；回头看看走过的路，看看这片绿洲，再看看前方的路，洗把脸，然后继续前行，体验一份值得！——这个过程就是心理咨询的感觉。

心理咨询最一般、最主要的对象，是健康人群或有心理困扰、心理障碍的人群。

当出现下列情况时，应当想到心理咨询。

① 当你在择业，需要准确判断自己的适应性时；

② 当某些事引起了你强烈的心理冲突，自己难以解决时；

③ 当你心情烦闷、难以自拔时，一般常见的有神经衰弱、过度抑郁、对某些事过度焦虑等；

④ 当你人际关系中出现了问题，常与他人发生冲突时；

⑤ 当你总觉得睡眠不好，如失眠、做噩梦或者梦游时；

⑥ 当你恋爱中出现难以解决的问题时；

⑦ 当你有明显不平常的感觉和行为时，如总感觉有人在说自己坏话，总听到一个声音指挥、控制你等；

⑧ 当你常会害怕一些并不可怕的事物，如害怕花、害怕水、害怕笔、害怕看人等，再如，脑子里总不停地想一些无意义的小问题，或者不停地洗手等；

⑨ 当你有一些古怪的性问题时，或对月经、遗精等问题有困惑时；

⑩ 当你希望进一步改善自己的性格时。

另外，当发现你周围的同学、朋友、家人出现下列情况时，也要提醒他们去进行心理咨询。

① 生活中遇到重大选择犹豫不定时；

② 学习压力大，无力承受但又不能自行调节时；

③ 初涉世事，对新环境适应困难时；

④ 经受挫折之后，精神一蹶不振时；

⑤ 过分自卑，经常感到心情压抑者；

⑥ 自感社会交往有障碍者（如怯懦、自我封闭）；

⑦ 失恋、失去亲人等情况后，心灵创伤无法自愈者；

⑧ 婚姻及家庭关系不和睦，渴望通过指导改善者；

⑨ 性格变化很大，或出现奇怪行为者（如暑天长时间不洗澡、无故长时间不上课等）；

⑩ 患有某种身体疾病，对此产生心理压力者；

⑪ 时常厌食或暴食者或感觉有睡眠障碍者；

⑫ 轻度性心理障碍者。

二、海乘心理咨询与心理治疗的地位与作用

远洋工作的生活环境特点是影响海乘心理健康的重要因素。远航时，船舶一直处于摇晃和震动中，长时间的摇晃和震动可以引起人体机体的一些组织器官位移，加剧了对人体感觉器官的刺激，易使人产生恶心、呕吐、眩晕、疲劳、注意力不集中等症状；船舶机械噪声强度较大，能引起人体应激反应，干扰休息与睡眠；地域气候环境的急剧变化、船舱内的油漆味或其他有害气体使人体难以适应，易导致呼吸系统与神经系统疾病的产生；远航时，船上饮食单调，缺少新鲜的蔬菜，使人食欲下降，易导致厌食症等，这些不适应的情况都会影响海乘人员的身心健康。再加上与家人长期分离的焦虑、闭塞生活环境的烦躁、不定期的危险因素（如风暴袭击、船舶碰撞、突发火灾、疾病传染等）带来的恐慌，久而久之，十分容易引起海乘的心理障碍。

在这样的背景下，海乘心理咨询与心理治疗的重要性不言而喻。邮轮公司可以选派专业心理医生到船上，结合工作人员的工作制度和作息时间，进行经常性的健康讲座和健康情况检查，提高其健康意识和心理承受能力，使海乘人员能及时调整不良的心理状态，更好地适应船上的生活。

船上的心理咨询工作者可采用多种形式（集中培训、内部报刊、网络、指导守则、一对一心理咨询等）向海员讲授心理减压与放松技巧、挫折应对、情绪管理、人际关系、婚姻恋爱、生涯规划等心理课程，提高海乘、海员的心理防御能力。一对一的心理咨询，主要是心理咨询师通过与海乘人员的访谈与聊天，运用专业的心理知识和技巧，发现他们的问题及根源，给海乘以帮助、启发和教育，使他们的认识、情感和态度有所变化，以更好地适应环境、建立健康的人格，保持身心健康的良好状况。心理咨询能帮助海乘人员及时地排解不良情绪，调整心态，进而避免海乘人员负性情绪的积累，防止严重心理障碍的出现。

心理治疗主要针对有心理障碍的海乘人员，通过临床的治疗方法，给心理障碍患者以精神支持，减轻其焦虑、抑郁、退缩等负性情绪，减轻或解除心理障碍患者的痛苦病症，增强其防御功能，促使其更快更好地适应环境。

三、海乘心理咨询与心理治疗的任务、内容与方法

（一）主要任务

随着生活节奏的加快、工作压力的增大、航运市场萧条，海乘群体的心理问题越来越突出，而心理问题导致的精神疾病、暴力行为、失踪等行为时有发生，不得不引起邮轮公司的警觉和重视。对此，应加大邮轮上心理健康工作力度，在各邮轮上配备相应的心理咨询师。海乘心理咨询与心理治疗的任务主要有三个方面：一是通过心理健康教育课程或培训等预防心理问题的产生，提高海乘心理耐受力和自我调控能力。心理耐受力强的人，可以经受慢性刺激并逐步化解；心理耐受力差的人，在承受一段时间后，便可能出现精神病理现象。而自我调控能力，即对行为和情绪的自我控制，这是心理保健的一种重要能力，对维护正常心理状态有十分重要的作用。二是加强对部分海乘人员心理困扰的疏导。如对于刚上船的海乘人群，他们可能由于对船上生活环境不适应，不管身体上还是心理上都出现种种不良反应。船上的心理咨询工作者尤其要注意对新员工适应性问题的关注，对那些适应不良、情绪反应低落或焦躁的人群进行有效的心理疏导。三是给予海乘中心理障碍患者及时的治疗。对于心理障碍患者，心理学工作者要通过专业的心理治疗技术和方法，对患者进行治疗，减少他们痛苦的病症，避免他们做出极端的行为。

（二）主要内容

一般而言，海乘可能出现的心理困扰主要集中在以下几个方面，这几个方面正是海乘心理咨询将涉及的主要内容。

1. 不适应带来的躯体—心理症状

如前文所述，远航时，船舶一直处于摇晃和震动中，长时间的摇晃和震动加剧了对人体感觉器官的刺激，易使人产生恶心、呕吐、眩晕、疲劳、注意力不集中等症状。船上饮食新

鲜蔬果少，冷冻食品多，容易导致食欲不振，甚至出现便秘。这些身体的不适症状容易带来心理情绪的变化，如情绪低落、精神不振或疲乏，有一种说不出的不安感，情绪常在抑郁和焦虑之间变动。心理不良状态反过来加剧身体上的不良反应，如失眠、食欲不振、头疼等，这些不良因素如不能及时疏导或宣泄，就有可能产生更深层次的心理行为问题。因此，这一情况应该成为心理咨询应关注的问题。

2. 海乘的人际关系问题

海乘的人际关系与陆地人群的人际关系有很大的差别，海乘长期在船上工作，经常远离繁华而嘈杂的城市，由十几个人或几十个人形成一个小的社会群体，在这个性别失调的特殊"小社会"中，单调、孤独的海上生活使他们更希望得到群体的关心、照顾和彼此协作，建立和维持良好的人际关系。但海乘流动性大，以及风俗习惯和志趣不一而引起一些心理冲突，这些都增加了协调人际关系的难度。由于船舶环境特殊，海乘在工作以外的时间仍旧过着群体生活，不管你对群体成员的好恶程度如何，每天都得见面甚至同住一个房间，在这种情况下，人际关系对每一个海乘的重要性是不言而喻的。如果有海乘人际关系不和谐，每天与同事低天不见抬头见，无法逃避，必然会导致产生孤独、焦虑、烦躁等不安情绪，久而久之就容易出现心理问题。因此，构建和谐的人际关系应成为海乘心理咨询和心理治疗的重要内容。

3. 海乘的职业倦怠问题

一般情况下，工作几个月后，新鲜感消失，海乘就会产生情绪不稳定，生理活动指标趋于下降，表现为易急躁、易兴奋、头痛、睡眠障碍以及体力与脑力劳动能力下降等症状，持续疲劳感，履职能力下降，人际关系紧张，与家庭、配偶的正常交往中断，面临家庭或情感上的磨难，职业倦怠感十分明显，消极的心理将越来越重。他们会对海乘岗位失去热情，甚至开始厌恶、恐惧。这一问题也相对比较突出，应成为海乘心理咨询的重要内容，即如何降低海乘人群的职业倦怠感。

除上述几类问题外，还有海乘尤其是男性的性心理压抑问题、海难事故（风暴袭击、船舶碰撞、突发火灾）后的心理康复问题等，亦是海乘心理咨询与心理治疗需要关注的方面。

（三）心理治疗的主要方法

 故事分享

众师打狗

一日，众治疗师出游，忽见前方黄沙漫漫，一群饥饿野狗飞奔而来。

行为治疗师："给我拿根大点的电棒来！"众狗愕然，止步。

催眠治疗师："你们很紧张吧，不要紧。现在跟我练，汪——汪——汪——，很好······注意你们嘴部放松的感觉，汪——放松······"众狗昏昏欲睡。

系统脱敏治疗师（行为治疗师之一）："现在你们想一下，你们最愿意吃的十个人是谁，从最愿意到最不愿意依次排列出来。"众狗望天苦思。

精神分析师："其实，你们并不想吃人，只是想发泄俄狄浦斯期的攻击冲动，造成你们阉割焦虑的不是我们，是你们的狗爸爸，你们对我们出现了负性移情，你们的防御机制是

actingout，转移，投射……总之，你们的童年有创伤。"众狗凄然泪下。

来访者中心治疗师："我也有你们这样的感受，实际上，我和你们一样也有狗性。我不想告诉你们怎样做，我相信，人有选择自己行动的自由，啊，错了，是狗。狗有让自己的人格即狗格走向健康的能力。相信我，没错的。"（深情注视）众狗号啕大哭。

由此可见，不同的心理学流派，心理治疗方法不同。依据心理学的主要理论与治疗实施要点，可分为精神分析疗法、行为疗法、以人为中心疗法、认知疗法、森田疗法、音乐疗法等；按照心理治疗进行的方式，又可分为个人心理治疗、家庭治疗（包括夫妻关系）、团体治疗（包括心理剧疗法）等。按进行的时间长短，则可分为长期心理治疗、短期心理治疗与限期心理治疗。在此，我们介绍几种典型的方法及相关技巧。

1. 精神分析法

精神分析法由奥地利精神病学医生弗洛伊德创立，该疗法主要是通过自由联想、释梦等心理分析技术使病人潜意识里的冲突上升至意识中，一旦病人领悟，疾病便会消退。新精神分析法则强调人际关系及人与社会的关系，治疗时采用更为自由的分析方法，主要着眼于目前问题，寻找当前生活中不自觉的动机和态度，恢复"领悟"。

2. 行为疗法

又称行为矫正疗法，是一种通过学习和训练来矫正来访者异常行为的方法。该疗法认为异常行为与正常行为一样，都是通过学习获得的。变态行为也是学习得来的不良习惯或对不同情景的异常反应，因此，可以用学习原理来矫正。行为治疗可以只凭借治疗者的指导和示范进行身体训练，也可以借助仪器或药物进行行为矫正。运用的基础技术有放松训练、系统脱敏疗法、冲击疗法、厌恶疗法、奖励强化法、矛盾意向法、模仿法、角色扮演法、自信训练法等，通过这些方法来矫正异常行为。

3. 以人为中心疗法

以人为中心疗法是由美国心理学家罗杰斯创立的。该方法的理论基础是人本主义心理学。它是一种使求助者改善"自知"或自我意识，使其认识到自我的潜在能力和价值，并创造良好环境，在与别人的正常交流中，充分发挥积极向上的、自我肯定的、无限的成长和自我实现的能力，以改变自己的适应不良行为，矫正自身心理问题的治疗方式。在该疗法中，治疗者不是以指导者的身份出现，也不建议病人应该怎样做或不应该怎么做，而只是具有启发作用，启发病人自己发现自己的问题，并找出最佳的解决办法，治疗者只是作为病人的一个有技术的朋友，给予温暖、鼓励和信任，帮助病人成长。

4. 理性情绪疗法

理性情绪疗法又称合理情绪疗法，是20世纪50年代由艾利斯在美国创立，它是认知疗法的一种，因其采用了行为治疗的一些方法，故又被称之为认知行为疗法。理性情绪疗法认为，人们的情绪障碍是由人们的不合理信念所造成的，因此简要地说，这种疗法就是要以理性治疗非理性，帮助求治者以合理的思维方式代替不合理的思维方式，以合理的信念代替不合理的信念，从而最大限度地减少不合理的信念给情绪带来的不良影响，通过以改变认知为主的治疗方式，来帮助求治者减少或消除他们已有的情绪障碍。

该方法的基本理论主要是 ABC 理论。人的情绪和行为障碍不是由于某一激发事件（Activating Event）直接引起，而是由于经受这一事件的个体对它不正确的认知和评价所引起的信念（Belief），最后导致在特定情景下的情绪和行为后果（Consequence），这就称为ABC理论。通常认为情绪和行为后果的反应直接由激发事件所引起，即 A 引起 C。而 ABC理论指出，诱发性事件 A 只是引起情绪及行为反应的间接原因，而人们对诱发性事件所持的信念、看法、解释 B 才是引起人的情绪及行为反应 C 的更直接的原因。按照理性情绪疗法的观点，人们有无以计数的信念，它包括认知、想法和主意等。这些信念是影响认知、情绪和行为结果的直接和主要因素。尽管看起来好像是诱发性事件引起结果，但 B 处于 A 与C 之间，是 A 的更直接的原因。人们总是按自己的信念认识 A，并按照带有偏见的信念和一定情绪结果去认识和体验 A。因此，人们实际上从来不会体验到没有信念（B）和结果（C）的诱发性事件（A），而没有诱发性事件（A）也体验不到信念（B）和结果（C）。信念可以有不同的形式，因为人们有各种各样的认知形式。在理性情绪疗法中，主要关注的是合理的信念和不合理的信念，前者导致自助性的积极行为，而后者则会引起自我挫折和反社会的行为。

　　理性情绪疗法分为四个阶段：①心理诊断阶段。心理治疗者通过会谈必须深入了解患者的情绪来源，分清情绪反应的类别，找到最关键、最急需解决的首要问题，然后帮助患者建立治疗的勇气和信心，并与其搭建良好的信任关系。②领悟阶段。治疗者通过倾听、分析总结来帮助患者认识到负面情绪和行为的表现，以及产生这种行为的原因，并说服患者接受其行为是由于自身问题而产生的。要让患者意识到自身行为的不当之处，帮助患者用理性观点分析问题，使患者认真对待所有不良情绪。③修通阶段。这个阶段是治疗的关键阶段，治疗者要通过辩论的方法使患者达到理性状态，治疗者可以夸张地、步步紧逼地使患者理屈词穷，不再能自圆其说，使患者真正意识到自身所存在的非理性因素，并逐渐接受理性的思维和行为。④再教育阶段。该阶段是治疗的收尾阶段，也是综合阶段，治疗者将患者的情绪进行梳理，进一步帮助他们改变固有的思维模式，摆脱不良思维的困扰，并通过辩论使其逐渐养成理性思维习惯。通过以上四个阶段的治疗，将会达到良好的沟通治疗效果。

　　5. 森田疗法

　　这是日本精神病学家森田正马于 1920 年在日本创立的方法。这种疗法的基本要求是"顺其自然，为所当为"，即放弃一切，从现在开始，通过行动，让现实生活充满活力。它的特点在于：①不问过去，注重现在。告诉患者不追究过去的生活经历，引导患者把注意力放在当前，鼓励患者从现在开始，让现实生活充满活力。②不问症状，重视行动。患者的症状不过是情绪变化的一种表现形式，是主观性感受。引导患者去积极的行动，不要关注症状。该疗法认为，"行动转变性格""照健康人那样行动，我就能成为健康人"。③生活中指导，生活中改变。治疗不使用任何器具和特殊设施，主张在实际生活中像正常人一样生活，同时改变患者不良的行为模式和认知。无论什么性格都有积极面和消极面。如神经质性格也有许多长处，如经常反省、做事十分认真、踏实勤奋、责任感强；但也有许多不足，如追求完美、自卑、优柔寡断等。应该通过积极的社会生活，发挥性格中的优点，抵制性格中的缺点。这种方法治愈和改善了大量的神经症患者，对普通人的心理健康也有益处。但是，这种方法也有其缺陷，过于简单，个体差异多，治疗效果不一。

　　6. 放松疗法

　　又称应放松训练，即在平静的意境中，用意念来放松情绪和骨骼肌。放松疗法的种类有许多，如静默法、膈式呼吸法、自发训练及杰伯森创立的渐进放松法等。但不论哪种方法，其核心就是平静、放松，即在安静的环境中，尽可能保持宁静的心境，并用意念使情绪放松和肌肉放松。

7. 音乐疗法

音乐声波的频率和声压会引起生理上的反应。音乐的频率、节奏和有规律的声波振动是一种物理能量，而适度的物理能量会引起人体组织细胞发生和谐共振现象，能使颅腔、胸腔或某一个组织产生共振，这种声波引起的共振现象会直接影响人的脑电波、心率、呼吸节奏等。与此同时，音乐通过神经系统调节大脑皮层，促进人体分泌一些有益于健康的生化物质，起到调节血流量与兴奋神经细胞的作用。欣赏音乐可以解除人在应激时所引起的不良身心反应，陶冶人的性情，改变人的性格和情感。

 扩展阅读

心理咨询的六个不等式

(1) 心理困扰≠精神病

心理困扰是日常生活中经常遇到的，就心理困扰求助于心理咨询并不意味着有什么不正常或有见不得人的隐私，相反，表明个体具有较高的生活目标，希望通过心理咨询更好地自我完善，而不是回避和否认问题，混混沌沌虚度一生。有相当一部分人认为精神病就是疯子，其实他们所说的精神病严格地来讲是重性精神病，它与心理困扰和轻性心理障碍有很大区别。绝大部分精神病病人对自己的疾病没有自知力，更不会主动求医。

(2) 心理学≠窥见内心

两个久未谋面的老同学在路上不期而遇，其中一人知道对方是心理治疗师，就让他猜一猜自己现在心中想些什么。许多来访者也有类似的心态，他们不愿或羞于吐露自己的心理活动，认为只要简单说几句，咨询者就能猜出他心中的想法，要不就表明咨询者水平不高。其实心理咨询师也是人，他们没有什么特异功能可以窥见他人的内心世界，他们只是应用心理学的理论和方法，对来访者提供的信息进行讨论和分析，并进行咨询与辅导。因此，来访者需详尽地提供有关情况，才能帮助医患双方共同找到问题的症结，有利于咨询师作出正确的诊断并进行恰当的治疗。

(3) 心理咨询≠无所不能

许多来访者将心理咨询神化，似乎咨询者无所不会、无所不能，就像一个"开锁匠"，什么样的心结都能一下打开，所以常常来诊一两次，没有达到所希求的"豁然开明"的心境，就大失所望，再也不来了。实际上，心理咨询是一个连续的、艰难的改变过程。心理问题常与来访者的个性及生活经历有关，就像一座冰山，积封已久，没有强烈的求助、改变动机，没有恒久的决心与之抗衡，是难以冰消雪融的，所以来访者需有打"持久战"的心理准备。

(4) 心理医生≠救世主

一些来访者把心理医生当做"救世主"，将自己的所有心理包袱丢给医生，以为医生应该有能耐把它们一一解开，而自己无需思考、无需努力、无需承担责任。多年来传统的生物医学模式就是，病人看病，医生诊断、开药、治疗，一切由医生说了算，要求病人绝对服

从、配合，因此来访者自然而然地把这种旧的医学模式带进心理咨询。然而心理咨询与心理治疗是新的生物—心理—社会医学模式的产物，心理医生只能起到分析、引导、启发、支持、促进来访者改变和人格成长的作用，他无权把自己的价值观和愿望强加给来访者，更不能替来访者去改变或作决定。来访者需认识到，"救世主"只有一个，那就是自己。只有改变自我，战胜自我，才能最终超越自我，达到理想目标。倘若把自己完全交给医生，消极被动，推却责任，只会一事无成。

（5）心理咨询≠思想工作

来访者中还有另一种极端的认识，就是认为心理咨询无用，无非是讲些道理，因而忽视或未意识到心理障碍是需要辅导或治疗的。一青年因强迫症痛苦异常前来就诊，家人反对并干涉："你就是死钻牛角尖，想开点就会好的。"患者得不到家人的理解与支持，内心绝望，从而影响治疗的连续性和效果。心理咨询作为自然科学，有着严谨的理论基础和诊疗程序，它与思想工作有着本质区别。思想工作的目的是说服对方服从、循社会规范、道德标准及集体意志，而心理咨询则是运用专门的理论和技巧寻找心理障碍的症结，予以诊断辅导，咨询者持客观、中立的态度，而不是对来访者进行批评教育。另外，某些心理障碍同时具有神经生化改变的基础，需要结合药物治疗，这更是思想工作不能取代的。

（6）心理咨询≠游戏活动

来访同学有一种片面认识，认为心理咨询是搞游戏活动。其实，心理咨询的主要方式是谈话，咨询者的最基本技能是倾听。虽然在咨询过程中，咨询者可以有选择地采用一些其他方法，如心理测验、小组讨论、游戏（含沙盘游戏）、心理剧、艺术活动等，但这些都是辅助性方法，其最基本、最主要的方法还是咨询者与来访者之间的交谈。

本章小结

心理训练是指运用心理学原理设计出与实际工作环境相类似的"仿真"情境，让个体或群体置身其中，运用一定方法、手段和程序，对训练对象施加各种有意识的刺激，使受训者不断调整其心理和行为达到最适宜程度的训练技术。

心理训练不是一日即可见成效的，它需要长期有计划地坚持，持之以恒地反复应用练习，进行自我调节，才能真正提升个人的心理素质和适应社会环境的能力。心理训练常用的具体方法有暗室迷宫训练法、再认回忆训练法、抗干扰训练法、应激情景训练法、音乐训练法、自我调节训练法、自我暗示训练法、角色扮演训练法、身心放松训练法。

海乘心理咨询主要是帮助海乘人员及时地排解不良情绪，调整心态，避免负性情绪的积累，防止严重心理障碍的出现；心理治疗主要针对有心理障碍的海乘人员，通过临床的治疗方法，给心理障碍患者以精神支持，减轻其焦虑、抑郁、退缩等负性情绪，增强患者的防御功能，促使其更快更好地适应环境。

海乘心理咨询和心理治疗主要围绕以下三个问题：一是对船上生活的不适应带来的躯体-心理的不良症状；二是船上特殊的人际环境带来的海乘人际关系紧张的问题；三是海乘职业的特殊性带来的职业倦怠。心理治疗的主要方法有精神分析法、行为疗法、以人为中心疗法、理性情绪疗法、森田疗法等。

推荐书目

[1] 张德芬 . 遇见未知的自己 . 长沙：湖南文艺出版社，2012.

[2] 郑军 . 心理训练：成就一生的心灵加法 . 上海：华东师范大学出版社，2009.

[3] ［美］弗洛姆 . 爱的艺术 . 李健鸣译 . 上海：上海译文出版社，2014.

思考题

1. 什么是心理训练？心理训练的目的是什么？

2. 海乘心理咨询和心理治疗的主要内容有哪些？

3. 海乘心理咨询和心理治疗的主要方法有哪些？

4. 放松训练是什么？如何做自我放松训练？

参 考 文 献

［1］ 孙峰，康捷．海员职业道德与职业素养．哈尔滨：哈尔滨工程大学出版社，2011.

［2］ 程良道．大学生心理健康教育．武汉：华中师范大学出版社，2011.

［3］ 高兰，向纯．大学生心理健康教育新编．北京：国防工业出版社，2012.

［4］ 邓明珍，王瑞忠．大学生心理素质教育．北京：化学工业出版社，2012.

［5］ 余孟辉．大学生心理健康教育．第2版．北京：中国水利水电出版社，2011.

［6］ 邓先丽．大学生心理健康教育．北京：中国人民大学出版社，2011.

［7］ 傅宏．心理健康与辅导．南京：河海大学出版社，2005.

［8］ 孟庆荣，陈征澳．大学生心理健康．第2版．北京：清华大学出版社，2011.

［9］ 倪望清，胡志国．国际邮轮服务与管理．天津：天津大学出版社，2014.

［10］ 何晓颖．邮轮服务与管理．北京：机械工业出版社，2015.

［11］ 范济秋，杨治麟．基本安全：基本急救．第1版．北京：人民交通出版社，大连：大连海事大学出版社，2014.

［12］ 李静．影响海员心理健康的因素及心理援助对策．航海教育研究，2010（02）：105-108.

［13］ 周元丽．远洋船员心理干预的研究．青岛远洋船员学院学报，2006（01）：1-3.

［14］ 葛元骏，孙小蒙．青年船员心理问题现状与干预策略研究．陕西青年职业学院学报，2013（03）：61-64.

［15］ 陈家荣．试述海事测绘在海事安全管理中的作用．中国航海学会航标专业委员会第七届大会论文集，2003.

［16］ 望作信．船员安全心理学．武汉：湖北科学技术出版社，1988.

［17］ 鸿钟．应激与心理危机干预．广州：暨南大学出版社，2008.